Manfred Chobot | Petra Rainer

Der Wiener Brunnenmarkt

Der Wiener Brunnenmarkt

Manfred Chobot
Petra Rainer

oder wie man in der eigenen Stadt verreist

METROVERLAG

Man kann ins Ausland verreisen – oder in der eigenen Stadt zum Brunnenmarkt und auf den Yppenplatz. Der Brunnenmarkt ist der längste Straßenmarkt Europas und der zweitgrößte Detailmarkt Wiens, der sich vom Yppenplatz bis zur Thaliastraße erstreckt. In seiner größten Ausdehnung führte er über die Thaliastraße hinaus und reichte auf der anderen Seite bis zur Ottakringer Straße. Alles in allem sind es heute 210 Stände, fixe und variable von den Marktfahrern sowie am Samstag jene der Bauern.

Den Namen verdanken Markt und Gasse einem öffentlichen Brunnen, der zwischen 1786 und 1880 an der Kreuzung Neulerchenfelder Straße und Brunnengasse gestanden hatte, bis er der neuen Pferdestraßenbahn weichen musste. Die Gemeinde Neulerchenfeld hatte Kaiser Joseph II. ersucht, an einer Wasserleitung, die aus dem Wienerwald entlang der Neulerchenfelder Straße in die Hofburg führte, einen Brunnen zu errichten. Der Kaiser genehmigte das Ansuchen, sodass sich um den Kaiser-Joseph-Brunnen allmählich ein Marktleben entwickelte, wiewohl in dieser Gegend schon früher Märkte existierten. Ein Fischmarkt und ein Eiermarkt sind im Laufe der Zeit wieder verschwunden.

Neulerchenfeld war um 1800 das „größte Wirtshaus des Heiligen Römischen Reiches". Mehr als 100 der 160 Häuser besaßen eine Konzession zur Ausschank alkoholischer Getränke, zudem gab es Schaubuden und Vergnügungsetablissements. Dem Thaliatheater, das von 1856 bis 1870 existierte, verdankt die Einkaufsstraße ihren Namen. Da bei der Einfuhr von Lebensmitteln in die Stadt eine Verzehrsteuer eingehoben wurde, zogen es die Wiener vor, mit dem Stellwagen hinaus nach Neulerchenfeld zu reisen, denn auf bereits verzehrte Lebensmittel konnte keine Steuer mehr kassiert werden. Nachdem 43 außerhalb des Linienwalls – dem heutigen Gürtel – gelegene Vororte 1890 eingemeindet wurden, fiel die Verzehrsteuer. Unsereins entrichtet heute nicht nur auf Lebensmittel und in jeder Gegend Mehrwertsteuer. Um 1900 sind der Brunnenmarkt und der Yppenmarkt vereinigt worden, Detailhandel in der Brunnengasse und Großhandel auf dem Yppenplatz. Zirka 1910 wurde das ehemalige Marktamtsgebäude am Yppenplatz errichtet.

Die Anfänge des Yppenmarktes reichen zurück in das Jahr 1872. Damals wurde der hier gelegene Exerzierplatz aufgelassen und 1875 nach dem Oberst Simon Peter Freiherr van Yppen (1698–1770) benannt. Dieser Niederländer in österreichischem Militärdienst hatte ein Anwesen, den „Schellhammerhof", samt Grundbesitz erworben und testamentarisch verfügt, dass auf einem Teil des Grundstücks ein Invalidenhaus, das Yppenheim, errichtet werden sollte. 1876 wurde das alte Gebäude durch ein neues ersetzt, das heute als Wohnhaus für Angehörige des Bundesheeres genützt wird.

Die gesamte Marktfläche besitzt die Gemeinde Wien, Magistratsabteilung 59, das Marktamt verwaltet, kontrolliert und vergibt die Standplätze. Hingegen befindet sich jeder Stand im Besitz des jeweiligen Standlers. Drei verschiedene Typen können erworben werden. Im oberen Bereich sind alle Stände blau, die untere Verkleidung ist grün, Dachplanen leuchten rot oder orange, wodurch eine Vereinheitlichung erzielt wurde. Seit der Renovierung zwischen 2005 und 2010 steht jedem Stand ein Poller mit Anschlüssen für Wasser, Abwasser, Lichtstrom sowie Starkstrom zur Verfügung, was für die Arbeit der Standbetreiber eine Erleichterung gebracht hat. Die Gehsteige wurden nivelliert und liegen nun barrierefrei auf Straßenniveau. Dennoch hört man von den Leuten Kritik. – Allen recht getan, ist eine Kunst, die niemand kann. Manche stören die Pflastersteine, in einigen Metern

wiederkehrend quadratisch angeordnet, von dem planenden Architektenteam als Symbol für die Parzellierung des Gebiets Anfang der 1870er-Jahre verstanden. Dieser Zusammenhang kommt den hier arbeitenden Menschen und den Marktkunden eher selten in den Sinn. Genauso wie aus dem Sprachschatz verschwundene Wörter, die Firta etwa, einst die Halbschürze der Marktstandler, oder der Gigerer, wie man den Pferdefleischhauer nannte. Dafür sind neue Wörter hinzugekommen, die vor etlichen Jahren noch unbekannt waren, die türkische Pizza Lahmacun, das Fladenbrot Pide, der Käse Halloumi, die Süßspeisen Baklava und Helva, das Joghurtgetränk Ayran. Nicht nur die Sprache verändert sich, auch die Menschen.

Die einen behaupten, es seien zu viele Ausländer hier, die den Einheimischen die Arbeit wegnehmen. Andererseits berichten Geschäftsleute, dass so mancher Einheimischer gar nicht dazu bereit ist, eine Arbeit zu übernehmen, weil sie ihm zu schwer erscheint. Zahlreiche Standler finden keinen Nachfolger für ihr Geschäft, zumal die eigenen Kinder meist anderen beruflichen Interessen nachgehen. Allemal überwiegt bei den Marktstandlern die 70-Stunden-Woche. Mitunter heißt es sogar, noch länger zu arbeiten. Die älteren Österreicher äußern sich eher kritisch gegenüber den Ausländern, die Jungen hingegen finden das multikulturelle Ambiente des Marktes spannend und bereichernd.

In jedem Fall hat sich viel verändert in den letzten Jahren, einerseits bedingt durch die Renovierung des Marktes, andererseits durch die Neuansiedlung von Menschen, die sich in dieser Atmosphäre wohlfühlen, die die Vorteile des Marktes ebenso genießen wie die Vielfalt an Lokalen. Manche meckern allerdings: Hier rennen nur mehr Bobos herum, Bourgeois Bohemiens oder verbürgerlichte Künstlertypen – und kommen trotzdem hierher, denn ein Bobo ist stets der andere. Andere wiederum frequentieren Szenelokale, schätzen begeistert den Puls der Zeit, fühlen sich jedoch in ihrem Bio-Bewusstsein vom Lärm gestört, den Lieferwägen verursachen, wenn sie zeitig in der Früh all jenes herankarren, was alltäglich benötigt wird. Und Schanigärten sind sowieso und selbstredend mit dem höchsten Geräuschfaktor belastet. Solche Menschen können anderen jederzeit das Leben erschweren.

Vielen Menschen liegt der Brunnenmarkt am Herzen, sie leben seit Jahrzehnten dort und der Markt ist ihre Heimat oder inzwischen zu ihrer Heimat geworden, selbst wenn sie anderswo geboren wurden. In unseren Gesprächen hörten wir verblüffende Lebensgeschichten, erfuhren Abrisse und Details biografischer Perspektiven, Blitzlichter von Lebenserfahrungen, allesamt bemerkenswert. Sehr erfreulich erschien uns, wie selbstsicher junge türkische Frauen ihr Geschäft führen und obendrein gut Deutsch sprechen. Die Gespräche demonstrieren die verschiedenen Charaktere der Menschen, fröhlich und positiv die einen, eher grantig andere, gesprächig manche, einige reservierter. Wir gehen davon aus, dass alle Gesprächspartner mit bestem Wissen und Gewissen ihre Erfahrungen und Wahrnehmungen, ihre Erlebnisse und Ansichten berichtet haben. Die subjektiven Aspekte waren uns wesentlich – zumal jede Sichtweise eine Wahrheit in sich birgt. Keinesfalls haben wir zensierend eingegriffen, vielmehr gegensätzliche Meinungen und Standpunkte gelten lassen.

Der Brunnenmarkt ist und bleibt jedenfalls der Brunnenmarkt – auch wenn er sich in den Jahren verändert hat und ständig einer Veränderung unterliegt. So lange Menschen bereit sind, diese schwere Arbeit auf sich zu nehmen, wird der Brunnenmarkt weiter existieren.

1885 kamen die Vorfahren meines Vaters, haben Obst- und Gemüsehandel betrieben, als der Markt zum Großhandelsmarkt geworden ist. Heute gibt es hier kaum noch Großhandel. Vieles hat sich aber inzwischen zum Guten verändert, nachdem der Markt einen Tiefpunkt erreicht hatte, viel tiefer wäre es nicht mehr gegangen. Ich habe mich nicht getraut zu investieren, als es hieß, der Markt wird abgerissen oder umgewidmet. Sobald klar war, dass dies von der Politik nicht gewünscht wird und aus dem Rathaus die eindeutige Zusage des Fortbestands kam, habe ich 2001 beschlossen, meinen Marktstand zu renovieren. Bald war jedoch klar, die Hütte ist nicht renovierbar, die fällt zusammen, da habe ich mir gedacht, ich setze ein Zeichen und mache alles neu, vielleicht folgen die anderen meinem Beispiel. Siehe da, es gibt keinen freien Platz mehr, man kann nichts mehr mieten, da alles voll ist. Anfangs waren wir skeptisch in Bezug auf die Passage der Caritas, wir hatten befürchtet, da kommen Unterstandslose. Ganz im Gegenteil, viele Kulturen tanzen oder singen oder spielen miteinander, betreiben Gymnastik und organisieren viele Veranstaltungen. Das ist sehr gut für die Integration.

Früher war der Markt eher sehr türkisch, auch die Besucher, jetzt wird es durchwachsen, Österreicher kommen aus anderen Wiener Bezirken, „hier gefällt es mir, alles wirkt ein bissl südländisch, das hat Flair". Davor hieß es: lauter Ausländer. Meine Standkollegen haben sich von mir etwas sagen lassen, denn es kann nicht sein, dass jeder Marktstandler das gleiche Sortiment hat. Jetzt wird der Naschmarkt saniert, wäre zu hoffen, dass die Leute zu uns kommen, kein Mensch kauft gern auf einer Baustelle. Als 2004 mit dem ersten Bauabschnitt begonnen wurde, waren wir wie Viecher in einem Käfig, es war ein langer Winter, ewig wurde gebaut, und die Leute haben alles in die Baugrube hineingeschmissen. Die längste Zeit hat der Einbau für die Infrastruktur verschlungen. Jetzt hat jeder Standler seinen Strom, einen Kanalanschluss, fürs Klo ist zwar nichts vorhanden, aber zum Waschen, für die Hygiene. Gas ist verboten wegen Explosionsgefahr.

Man geht nicht mehr zum Meinl am Graben, man geht auf den Yppenmarkt, geht zum Staud, da meine ich das Geschäft, oder zum An-Do. Dort dominiert eine lockere Atmosphäre, die Leute sind freundlich, keine Abzockerei. Bitte haltet die Preise, habe ich den Gastronomen gesagt, wir haben das Image, der günstigste Markt von Wien

zu sein. Jedenfalls ist es nicht bloß ein Image, sondern eine Tatsache.

Ich hatte immer Angst, dass wir mit den Mieten zu schick werden, also Bobo. Man muss der Gemeinde zugutehalten, dass sie viele Wohnungen besitzt und die Mieten konstant hält. Der Ernst-Wollner-Hof wurde schön restauriert, die Menschen können sich die Wohnungen auch leisten. Zwar eröffnet ein Wettbüro neben dem anderen, was manche Leute verärgert, aber es existiert keine Bestimmung, wie weit ein Wettbüro vom nächsten entfernt sein darf, wie bei Apotheken oder Trafiken. Diese Mieter bezahlen nicht schlecht, und die Vermieter schauen eben aufs Geld. Imponderabilien.

Man kann nicht sagen: die Türken, sondern muss drei bis vier verschiedene Klassen unterscheiden. Manche trauen sich nicht hinaus, sind noch immer nicht emanzipiert; dagegen sind die Istanbul-Türken weltoffen, meist Kaufleute, die ins Kent gehen, aber auch in andere Lokale. Oft entsteht am Markt der Eindruck, da lebt eine türkische Großfamilie. Integration funktioniert am besten über die Arbeit, über ein gemeinsames Werk. Wir tauschen immer wieder Gedanken und Erfahrungen aus: Wie war dein Geschäft am Samstag? Diese Sorgen und das Zusammenhalten habe ich vom Markt gelernt. Wir machen uns Gedanken über unseren Nachbarn. In einem Gemeindebau bleiben die Nachbarn meist anonym, niemand kennt seinen Nachbarn.

Wir Standler sind eine Familie. Ich bin mit jedem per du, die Türken trauen sich oft nicht, haben einen großen Respekt und sagen „Chef" zu mir. Wieso sagst du nicht du, mit den Bauernkollegen ist man per du.

Ich bin auch ein Bauer, das ist so. Ich kann nicht über den Markt gehen, wenn ich schon gegessen habe, jeder will mir etwas zum Essen geben: Schau, was ich da Schönes habe. Dennoch schimpfe ich: Muss der Dreck da auf der Erde sein? Mein Vater hätte nie zugelassen, dass ein gefaulter Apfel auf den Boden geworfen wird. Das Marktamt ist da auch dahinter. Mir liegt der Markt am Herzen, er ist meine Heimat. Dafür engagiere ich mich, auf diese Weise statte ich der Gegend mein Dank ab. Ich rieche noch den Duft des Petroleumofens, als mich meine Mama als Säugling herumgeschleppt hat.

Im 19. Jahrhundert hat man gesagt: wohnen, arbeiten und Freizeit verbringen. Inzwischen habe ich diese Vorgabe erreicht: Ich wohne da, ich arbeite da, auch die meisten meiner Mitarbeiter, sie vergeuden keine unnötige Zeit, gehen zu Fuß.

Seinerzeit hatten wir am Montag immer geschlossen, da haben wir die Restln vom Wochenende gegessen, Grenadiermarsch, Semmelauflauf und all diese Grauslichkeiten der Restlküche. Brrr! Der Dienstag und der Mittwoch waren super; am Donnerstag ging es bereits aufwärts und dem Wochenende entgegen. Der Zielpunkt hatte nur Trockenware, die Leute mussten bei den Standlern kaufen. Unter der Woche stagniert bei mir der Umsatz. Wenn eine voll bezahlte Angestellte 80 Euro Umsatz macht, ist das unerfreulich. Aber an einem guten Samstag kann es vorkommen, dass wir Ware für 3000 Euro umsetzen. Normalerweise sind wir zufrieden, wenn wir an einem Samstag 1200 bis 1300 Euro schaffen. Schließlich fangen unsere Preise bei 75 Cent an. Sie lässt sich ihren Karottensaft schmecken, mehr mag sie nicht kaufen. 200 bis 300 Euro unter der Woche rechnen sich nicht. Die Arbeitskraft, das kann ich offiziell sagen, ist oben in der Firma angemeldet, sonst täte der Finanzprüfer fragen: Was ist das? Liebhaberei. Einen kleinen Gewinn muss ich machen.

Der Markt ist sortenreicher, vielfältiger geworden, nicht bloß die türkische Importware vom Inzersdorfer Großmarkt. Meine Mutter hat gestern im Supermarkt eine Melanzani gekauft, der Markt war nicht offen und sie kann momentan nicht so weit gehen – und die Melanzani war aus Österreich. Darüber freut man sich, nicht nur aus Patriotismus, aber die Ware hat keine langen Transportwege hinter sich. Was hier wächst, kann man auch hier kaufen. Man muss nicht zu Weihnachten Erdbeeren aus Dschibuti essen, nichts gegen Dschibuti, aber die Früchte werden einen Tag vor der Ernte am Strauch gespritzt, sonst wären sie von Pilzen aufgefressen, außerdem wird alles unreif geerntet. Jeder Mensch kann Marmelade essen oder tiefgefrorene österreichische Erdbeeren. Früher wurde im Sommer eingekocht. Kompott war mein erstes Produkt – sowie Gurken und Sauerkraut. Dann und wann ist von bulgarischen Glashäusern eine Salatgurke angelangt, die hat einen Stundenlohn gekostet: Ist das nicht zu teuer, Mama, 14 Schilling? Na ja, weil Weihnachten ist, leisten wir uns eine bulgarische Gurke für den Salat.

Ich bezahle verschiedene Mieten, eine für das Lokal, eine für den Stand von meinem Papa, den ich wieder zurückkaufen konnte – war früher ein Holzstand, eine Standlerin hat dort Maiskolben gelagert, die sie im Winter verkauft hat, inzwischen ist sie in Pension. Das ist jetzt ein Lager, und ich habe mich verpflichtet, den Stand gemauert aufzubauen, mit einem Tiefkühlhaus. Drei- oder viermal hat es am Markt gebrannt, zweimal war der Papa betroffen und einmal ich, als ich schon den Holzstand hatte.

Ich glaube nicht, dass der Brunnenmarkt zu schick wird. Der Brunnenmarkt war immer bodenständig, er war immer ein gemischter guter Markt mit einem gemischten Angebot. Man kann die Zeit nicht zurückdrehen. Die Mischkulanz in der Gastronomie ist sehr schön. Die Müllerin serviert Hausmannskost, dorthin gehen Wiener. Vor Jahrzehnten war dort die Halbwelt, Zuhälter. Mein Papa hat mir eingetrichtert: Dort gehst du nicht hin! Er selbst ging hin und wieder auf einen Kaffee. Ich habe keine großen Ansprüche, ich will mich wohlfühlen, will normal essen, will ein gutes Service, und das ist überall hervorragend. Leider wird der Fisch immer teurer. Kabeljau war früher ein Arme-Leute-Essen, billiger als Fleisch, heute eine Delikatesse.

Einst war der Markt auch am Freitagvormittag ziemlich voll, jetzt nur mehr am Samstag. Die Leute schlafen am Samstag länger, kommen um zehn Uhr her, nehmen sich Zeit. Du musst für den Markt Zeit haben, die Seele baumeln lassen. Kinder lieben Märkte generell. Zu mir kommen sie bis drei Uhr, vorher gehen sie etwas essen, wollen die schweren Sackerln nicht ständig herumschleppen. Irgendwann überkommt auch mich der Hunger. Offiziell habe ich bis halb eins geöffnet. Stünde angeschrieben bis zwei, müsste ich bis fünf Uhr offen halten. Am Samstag bin ich auch müde von der Woche, wir leisten sehr viel in unserem Betrieb. Jeden Tag bis in die Nacht hinein, das kann keiner lange aushalten. Der Sonntag ist mein Urlaub. Die teilen mich immer ein: Preiselbeeren kochen, Powidl rühren, ich bin ja allein, aber allein will ich nicht mehr sein. Was ist, wenn mir etwas passiert, dann finden sie mich am nächsten Tag.

Vor Weihnachten arbeiten wir in drei Schichten, 8000 Gläser Marmelade. Die Supermärkte bestellen wie irr, auch die Deutschen, heute stehen Hongkong und Dubai am Auslieferungsplan. Für die arabischen Etiketten muss immer einer von uns dahinter sein. Die arabischen Ziffern kann ich lesen, mehr nicht.

Jetzt wollen sie mir einen Ökonomierat verpassen, dafür wirst du genau geprüft, musst ein perfektes Leumundszeugnis abliefern. Der Landwirtschaftsminister überbringt seinen Vorschlag dem Bundesminister, weil ich mich sehr um die österreichische Landwirtschaft bemühe. Das entspricht tatsächlich der Wahrheit. Kommerzialrat wollte ich nicht werden, darüber freuen sich viele, die sonst keinen Titel haben. Ich brauche das alles nicht, würde mich nie damit brüsten.

Wie viel österreichisches Obst verarbeitet Darbo, wie viele Prozent Meinl? Null. In einem guten Jahr sind es bei mir 60 Prozent, in einem schlechten Jahr 40 Prozent. Die sortieren nicht herum wie wir, schneiden die Marillen und putzen. Wir beschäftigen zusätzlich sieben Leute von der Bodenkultur, die müssen ein Praktikum absolvieren. Sie sind verpflichtet dreimal drei Monate arbeiten zu gehen, finde ich gut, damit sie Erfahrungen sammeln können.

Seit keine Autos mehr durch den Markt rasen, herrscht eine völlig andere Stimmung. Die Umgestaltung war wirklich gut durchdacht, und sie haben alle Firmen gefragt. Allerdings hätte das alles schneller gehen können. Wenn wir Privaten so arbeiten würden, wären wir längst bankrott.

Hans Staud hat so gut Kroatisch gelernt, dass ein Kroate ihm nicht geglaubt hat, dass Kroatisch nicht seine Muttersprache ist, er solle gefälligst sagen, woher aus Kroatien er eingewandert ist.

Das Marktamt ist übersiedelt, weil es nicht mehr nur für den 16. Bezirk zuständig ist, sondern lebensmittelmäßig auch der 8. Bezirk mitbetreut wird und in näherer Zukunft ein weiterer Bezirk hinzukommt. Aus Platznot wurde das Marktamt vom Yppenplatz in die Abelegasse verlegt. Das Marktamt hat drei Standbeine: die Lebensmittelaufsicht, die Gewerbeaufsicht und die Marktverwaltung.

Beginnen wir mit der Lebensmittelaufsicht. Sie kontrolliert sämtliche Betriebe, von denen Lebensmittel angeboten werden, im Sinne der Hygiene, der Warenbeschaffenheit, ganz egal, ob Supermarkt, Fleischer oder Bäcker. Die Gewerbeaufsicht hat die Aufgabe zu überwachen, dass jeder Betrieb über eine Gewerbeberechtigung verfügt. Und die Marktverwaltung kümmert sich darum, dass alles am Markt funktioniert.

Wir sind zuständig dafür, dass keine Flächenüberschreitung stattfindet, dass jeder Marktstand gekennzeichnet ist, dass die Preise entsprechend ausgezeichnet sind. Bei einer Flächenüberschreitung fordern wir den Betreffenden auf, die Fläche freizuräumen. Zuerst weist man den Betreffenden darauf hin, bei Nichtbefolgung wird eine Verwarnung ausgesprochen, die gleich vor Ort mit einer Organstrafverfügung geahndet wird. Wenn

man jemanden schon mehrmals auf ein Vergehen hingewiesen hat und derjenige handelt weiter zuwider, wird man die Ahndung in Form einer Anzeige vornehmen, wodurch ein normales Strafverfahren eingeleitet wird. Wir sind nur eine Stelle, die Anzeigen erstattet, wir sind kein Strafreferat, wir zeigen nur auf. Auf dem Marktgebiet üben wir auch straßenpolizeiliche Befugnisse aus, da auf dem Brunnenmarkt von 0 bis 24 Uhr eine Fußgängerzone existiert, währenddessen es Lieferanten gestattet ist, zu bestimmten Zeiten aus- und einzufahren.

Die Zeit des Umbaues war für die Marktstände sicherlich sehr schwierig. Die einzelnen Abschnitte mussten freigemacht werden, die Stände wurden auf Ersatzstandplätze abgesiedelt, was von den Kunden leider nicht angenommen wurde. Sie haben den Markt einfach nicht gesehen. Ich habe selbst auf der Thaliastraße beobachtet, als der Bereich Thaliastraße/Grundsteingasse umgebaut wurde und sich der Ersatzplatz auf der gegenüberliegenden Straßenseite bis hinauf zur Menzelgasse befand, dass die Leute aus der Straßenbahn gestiegen sind, sich umgeschaut haben: Der Markt ist nicht da. Dann sind sie eingestiegen und weitergefahren. Dabei hätte es nur einer Körperdrehung bedurft: Ah, hier ist der Markt.

In der Marktordnung ist aufgeschlüsselt, wie hoch der Anteil an Lebensmitteln sein muss, nämlich mehr als 50 Prozent der fix zugewiesenen Marktflächen, und wir liegen knapp darüber. Täglich kommen aber nicht fix zugewiesene Marktfahrer, von denen die freien Flächen aufgefüllt werden, sodass der Marktkunde den Eindruck gewinnt, es gäbe mehr Textilien. Früher war die Situation anders, jedoch seit 2006 gilt eine neue Marktordnung, mit der wir momentan leben.

Der Konkurrenzkampf ist sicherlich größer und schwieriger geworden. Viele Betriebe sind wirtschaftlich sehr schwach und deshalb abhängig von größeren Strukturen. Der Großhandel von Obst und Gemüse befindet sich in türkischer Hand, der Großhandel mit Textilien wird von Leuten aus dem Großraum des indischen Subkontinents dominiert, dadurch ergibt sich ein gewisser Zusammenhang zwischen Standler und Großhändler, beide stammen aus dem gleichen Kulturkreis und kommunizieren daher eher mit Leuten, die eine ähnliche Sichtweise besitzen. Der Textilhandel mit T-Shirts ist die Eingangstür zur Selbstständigkeit, wobei mit einem geringen finanziellen Aufwand und extrem schlechter Qualifikation, was die Ausbildung anbelangt, sich trotzdem die Möglichkeit ergibt, selbstständig zu sein. Der Obst- und Gemüsehandel erfordert ein beträchtlicheres Kapital sowie ein größeres Fachwissen, damit wird die nächsthöhere Stufe der Selbstständigkeit erreicht. Die pakistanisch-indische Bevölkerungsgruppe ist erst sehr kurz in Österreich, die türkische Community ist dagegen seit 20 Jahren tätig und hat durch entsprechende Ausbildung eine höhere Stufe erklommen. Dadurch strukturiert sich der Handel.

Die Textilhändler verfügen über keine Fixzuweisung, sie finden sich um 7.30 Uhr am Yppenplatz ein, sodann erfolgt die Verlosung der freien Marktplätze. Einmal steht er auf 73, am nächsten Tag auf 39. Einmal im Jahr, und zwar im Jänner, wird ein Marktfahrerbuch ausgegeben. An zwei folgenden Tagen wird eine Platzverlosung durchgeführt. Das Ergebnis wird in dieses Buch eingestempelt und besitzt für drei Tage Gültigkeit, sodass er diesen Platz vorreserviert hat. Verzichtet er darauf, kommt dieser Platz wieder in den Pool zur Verlosung. Es gibt 180 Marktfahrerbücher, daher ist die Wahrscheinlichkeit, dass immer derselbe Platz kommt, ziemlich gering. Am Brunnenmarkt gibt es derzeit 13 Plätze, für die dieses Buch gilt, wenn weitere Plätze frei sind, fallen sie in den Pool der täglichen Verlosung.

Manchmal geschieht es, dass mehr Plätze zur Verfügung stehen, andererseits kann es auch passieren, dass sämtliche Plätze belegt sind und der eine oder andere wieder heimfahren muss, weil kein Platz frei ist. Dies ist aber eher selten der Fall.

Die Anzahl der Supermärkte können wir nicht beeinflussen, weil sie kein Teil des Marktgebiets sind. Wenn jemand ein Geschäft aufmachen möchte und er hat ein Lokal zur Verfügung sowie eine Betriebsanlagengenehmigung, darf er es betreiben. Einem Hausbesitzer kann niemand vorschreiben, an wen er vermietet. Genau diesen Weg gehen die Supermärkte. Mit dem EU-Beitritt sind diese protektionistischen Maßnahmen, wie bei Apotheken und Trafiken, gefallen. Vorher gab es eine Bedarfsprüfung im Detailbereich. Durch die Marktordnung 2006 ist der Handel liberalisiert worden, früher durfte einer nur Obst und Gemüse verkaufen, der nächste nur Backwaren usw. Jetzt heißt es Lebensmittel. Warum sollte jemand, der die Vorschriften der Lebensmittelhygiene erfüllt, nicht zugleich mit Fleisch und Fisch handeln? Und wenn er morgen auf Trockengemüse umsteigt, passt das genauso. Jeder darf alles anbieten, sobald er die Voraussetzungen erfüllt. Durch die Konkurrenz sollte die Qualität steigen und der Preis sinken, niemand möchte, dass sein Nachbar mehr verkauft. Es geht um Preis und Qualität – zugunsten des Konsumenten.

Die Voraussetzungen von Brunnenmarkt und Naschmarkt sind allerdings diametral. Was die Kaufkraft und die ethnische Zugehörigkeit betrifft, ergibt sich eine völlig andere Ausgangssituation, da zwischen den Einkommen der anwohnenden Bevölkerung ein großer Unterschied besteht und damit auch bei den möglichen erwerbbaren Waren. Gerade auf Märkten sollen ethnische Gruppen die ihren Gewohnheiten entsprechenden Waren angeboten bekommen. Jene Leute, die in dieser Gegend wohnen, dominieren mit ihrer Nachfrage das Angebot. Wenn eine Gruppe gewisse Waren sucht, aber über wenig Einkommen verfügt, dann gibt es von diesem Artikel ein relativ breites Angebot. Ich war zehn Jahre für den Hannovermarkt zuständig, dort können sich die Leute nicht viel mehr als ein Hendl leisten, dagegen gibt es am Naschmarkt Kunden, die ohne mit der Wimper zu zucken 70 Euro für ein Bison-Steak hinlegen. Insofern ist das exklusivere, preislich höhere Angebot am Naschmarkt zu finden, da es dort Leute gibt, die über genügend Geld verfügen. Mittlerweile hat der Brunnenmarkt begonn-

nen aufzuholen. Allerdings ergibt sich der Trend, dass hier nicht mehr nur die ärmsten Bevölkerungsgruppen wohnen, sondern auch Leute aus gehobeneren Kreisen, die allmählich nach teureren Waren fragen. Bei preislich höheren Angeboten liegt auch die Gewinnspanne höher – je höher der Preis, desto höher die Gewinnspanne. Bei Paprika oder Paradeisern ist der Verdienst minimal, zumal sich die Standler konkurrenzieren. Oder wenn man das Fladenbrot um 40, 50 Cent erhält, daran kann einer nicht viel verdienen. Das ist der Unterschied zwischen den zwei Märkten.

Vom Umbau profitieren nicht nur die Marktstände, sondern auch die Geschäfte dahinter. Beim Design der neuen Stände wurde darauf geachtet, dass sie transparent sind, sodass die Geschäfte nicht verstellt erscheinen. Jeder Stand befindet sich im privaten Eigentum, wir vergeben die Fläche. Wenn sich jemand einen modernen Stand nimmt, wird er seine Arbeit bequemer durchführen können. Auf meinem Schreibtisch liegen bereits wieder Anträge für zwei neue Stände. Wir hoffen, dass nach und nach die alten Stände und Gestelle verschwinden, sodass ein zeitgemäßes Niveau erreicht wird.

Die Hülle der Stände ist vorgegeben. Nach einem Bürgerbeteiligungsverfahren und zahlreichen Steuerungsgruppensitzungen hat man sich auf das jetzt gebräuchliche Modell geeinigt. Wie das Innenleben aussieht, obliegt jedem Einzelnen. Für Fisch-Verkauf muss es anders sein als für Obst- und Gemüse-Verkauf, nicht zuletzt, weil beim Fisch-Verkauf andere Hygienerichtlinien gelten. Ein Ansuchen für die Bewilligung eines neuen Standes ist jederzeit möglich. Auf unserer Website findet der Bewerber die nötigen Informationen, wie er vorzugehen hat, was gestattet und was nicht gestattet ist.

Jedem Stand steht ein grüner Poller zur Verfügung. Um die Einbauten für Kanal, Wasser, Strom und Kraftstrom zu verlegen, musste die Straße sehr tief aufgegraben werden. Der Straßenunterbau musste verdichtet werden. Wann soll der Markt umgebaut werden? Im Winter bei klirrender Kälte kann man nicht betonieren. Sobald die Sonne scheint, möchten die Standler verkaufen, der Markt soll florieren. Wir haben uns bemüht, die Renovierung so sanft wie möglich durchzuführen, was eben die Umsiedlung auf Ersatzquartiere erforderlich machte. Keineswegs darf man die große Leistung der Marktparteien übersehen. Jeder hat sein Bestes gegeben. Ohne die Bereitschaft der Standler hätte dieses Projekt nicht realisiert werden können.

Auf der Piazza hat sich ein kleines Gastrozentrum entwickelt, angefangen mit der Häuserzeile Payergasse 10 bis 14, die nicht Marktgebiet ist. Lediglich das An-Do, das Fischrestaurant und die Beach-Bar sind Marktgebiet und unterliegen daher der Marktordnung, die besagt, dass sonn- und feiertags geschlossen sein muss. Alle anderen Lokale liegen nicht in unserer Kompetenz.

Wo sich das An-Do befindet, war früher ein Großhändler. In diesem Fall war eine Umwidmung möglich, eine Deckelung. Nachdem er das Verfahren durchgemacht und entschieden hat, ich nehme das dazu, hat er sich dort etabliert. Inzwischen hat sich rundherum eine kleine Szene entwickelt. Wenn man sich umsieht, erkennt man, wie gut der Platz von der Bevölkerung angenommen wurde. Die Piazza ist sogar über die Stadtgrenze hinaus bekannt.

F rau Regina Seidl hat einen 25-Kilo-Sack auf ihrer Schulter liegen. Ich komme gleich wieder, muss nur noch den Sack Kartoffeln ins Lokal Muskat ausliefern.

Tatsächlich ist sie ein paar Minuten später wieder in ihrem Geschäft.

Von Kindesbeinen an bin ich auf dem Brunnenmarkt. Meine Schwester und ich haben das Marktflair geliebt. Jetzt bin ich 43, meine Eltern waren 45 Jahre hier. In die Friedmanngasse kam ein Mann mit Pferd und Kutsche und er hat immer ein Pony mitgehabt. Mit dem Pferd durften wir spazieren gehen. Mein Vater hatte seinen Betrieb in der Gaullachergasse, wir gingen mit dem Vati in die Fleischhauerei, dort stand das Auto in der Einfahrt, und das Pferd hat seine Äpfel verloren. Heute gibt es deswegen gleich Ärger. Vieles hat sich geändert, was früher Großhandelsstände waren, sind Lokale geworden. Das Marktflair geht dadurch zwar verloren, aber Lokale sind ein Renner, ihre Geschäfte laufen bestens.

Als mein Mann 1985 auf dem Markt angefangen hat, habe ich vis-a-vis in einer Fleischhackerei gearbeitet, so haben wir uns kennengelernt, und ich bin hinübergewandert – mitgehangen, mitgefangen –, und seit dem 89er-Jahr verkaufe ich Kartoffeln und Zwiebeln.

Inzwischen bin ich die einzige Groß-händlerin am Markt, übrig geblieben von 65. Viele Leute, die hierher übersiedeln, möchten, dass es alles zu kaufen gibt, aber Lärm in der Früh wollen sie nicht. Vielleicht wünschen sie sich, dass die Ware geräuschlos hierher geflogen kommt. Es ist schon schwer als Groß-handelsstand mit solchen Schwierigkeiten zurechtzukommen.

Mein Mann entstammt einer Bauernfamilie. Sie waren fünf Geschwister: Eine ist Lehrerin geworden, einer hat studiert, einer ist in der Landwirtschaft geblieben, einer hat hinausgeheiratet, der fünfte Bub hatte noch keine Frau, also hat er den Handel gekriegt und verkauft seit 1986 Kartoffeln und Zwiebeln, die von den Brüdern angebaut werden. Das alleine wäre zu wenig, deshalb kaufen wir noch von anderen landwirtschaftlichen Betrieben dazu. Nachdem unsere Vorgängerin, die Frau Johanna Kogl, in Pension gegangen ist, hat er ihren Stand übernommen, sprich abgelöst. Mein Mann hat die Frau Kogl schon von früher gekannt, da sie eine Kundin seiner Familie war.

Ich bin ein Einmann-Betrieb, eigentlich: Einfrau. Wir verpacken die Kartoffeln und Zwiebeln in 25-Kilo-, 5-Kilo- und 1-Kilo-Säcke, wie man sie dann in den Supermärkten sieht. Bevor ich heimfahre, mache ich meine Tour, fahre zuerst in den 1. Bezirk, dann nach Floridsdorf, dazwischen nehme ich alles mit, was auf dem Weg liegt.

Sehr stolz bin ich auf meine Urkunde, dort hängt sie. Vorne an der Ecke habe ich bei dem Fleischhacker gearbeitet. Einmal kam ein Mann herein und hat gesagt, er hätte gern Rindfleisch. Ich habe ihn bedient, habe ihm angeboten, was an diesem Tag besonders zu empfehlen war. Er hat bezahlt und dann aus seiner Tasche eine Mappe genommen. Er komme von der Wirtschaftskammer, wegen meiner guten Beratung wird er mich vorschlagen, dass ich eine Urkunde erhalte.

Nur Büroarbeit wäre nichts für mich. Aber irgendwann wird es genug sein für mich, wenn du 25 Kilo in den Keller hinunterschleppst und dann wieder die Stufen hinauf. Die Arbeiter, die wir früher hatten, haben behauptet, 25 Kilo sind ihnen zu schwer zum Tragen. Er habe Kreuzweh, hat einer behauptet und ist daheimgeblieben, die meiste Zeit habe ich gearbeitet. Jemanden zu finden, der anpackt und nicht nur laschiert, ist sehr schwierig. Okay, dann mache ich gleich alles selbst, mache ich weniger, so viel ich eben kann. Zu meinem Mann habe ich gesagt: Du hast Glück gehabt, dass du mich gefunden hast. Eine kleine, zierliche Frau könnte das niemals stemmen. Meine Tochter ist nur 1,68 Meter groß und wiegt 53 Kilo, die kann keine 25 Kilo tragen. Deshalb wird sie das Geschäft auch nicht übernehmen, dazu brauchst du einen Partner, mit fremden Leuten kannst du den Großhandel nicht aufrechterhalten. Die Tochter ist 21, der Bub ist 19, jetzt hat er die Matura mit ausgezeichnetem Erfolg abgelegt. Was er einmal machen wird, weiß ich nicht. Alleine könnte er das auch nicht machen, dazu braucht er eine Frau an seiner Seite.

Die Handwerker sind auch eine merkwürdige Sippschaft. Unlängst war meine Waschmaschine kaputt. Ich habe bei der Firma angerufen, was die Reparatur kostet? – Wollen Sie, dass wir jemanden schicken? – Wird mir wohl nichts anderes übrigbleiben. – Das kostet aber Wegzeit. – Also kam der Monteur. Er wirft nicht einmal einen Blick auf die Waschmaschine. – Eine Reparatur rentiert sich nicht mehr. – Dafür verrechnet er mir die Wegzeit und eine halbe Stunde Arbeitszeit. – Mir geht der Hut hoch: Das hätten Sie mir auch am Telefon sagen können! Schon wollte er wieder abhauen. Nix da, guter Mann, Sie werden die halbe Stunde in meiner Küche absitzen. Die halbe Stunde habe ich ihn in der Küche hocken lassen.

Das Muskat habe ich im Februar 2009 aufgesperrt. Ich wollte dieses Lokal unbedingt, habe lange darum gekämpft und dann lange umgebaut, und vom ersten Tag an war es ein Erfolg. Nirgends ein Hinweis, dass es nur vegetarische Küche gibt, manche Leute kommen erst nach Monaten drauf, dass sie hier kein Fleisch essen. Das ist fein.

Es war wunderbar, wie ich hier willkommen geheißen wurde, von meinem Nachbar Hans Staud und den Leuten mit türkischem Hintergrund: Kann ich dir helfen? Was brauchst du? Brauchst du Wasser beim Umbauen? Es ist hier wie in einem Dorf. Ich fühle mich wohl da, es taugt mir sehr.

Mein Konzept war, Kultur im Essen mit Literatur und Musik zu verbinden: zugleich Restaurant und Buchhandlung mit gelegentlichen Lesungen und Konzerten. Täglich kochen wir frisch, alles biologisch und vegetarisch, aber auch vegane Speisen haben wir auf der Karte. Das Geheimnis ist das Kleine, das Intime, wir kennen fast alle unsere Gäste, und wie es im Dorf üblich ist, sind wir alle per du. Unsere Gäste äußern auch Extrawünsche, wenn sie kein Getreide vertragen oder wenn jemand eine Laktoseallergie hat. Also schauen wir, dass wir jeden Tag auch solche Speisen anbieten.

Ich habe täglich zwei Suppen, zwei Hauptspeisen, zwei Nachspeisen – zudem sind wir noch variabel, etwa bei Stammkunden, man kennt die Vorlieben. Heinrich, ich mache dir heute eine Reispfanne. Darauf können wir eingehen, weil wir klein genug sind. Samstags gibt es nur Frühstück und eine Suppe, denn samstags gehen die Leute am Markt einkaufen, da kommt ein ganz anderes Publikum als sonst, aber um neun Uhr ist das Lokal schon knackevoll.

Heute habe ich noch eine Hochzeitstafel, Stammgäste seit einem Jahr. Vorige Woche hatte ich ein Willkommensfest für ein Baby mit 40 Leuten im Garten. Das war trotzdem intim, aber fein.

Meist sind es befreundete Musiker und Musikerinnen, die Konzerte geben. Ich verlange keinen Eintritt, da geht dann ein Körberl herum, denn ich bezahle den Musikern nichts, füttere sie aber durch. Meistens macht es nur Spaß. Wir versuchen dann auch themenmäßig zu kochen, demnächst habe ich einen brasilianischen Musiker hier, da wird es Chili sin carne und Caipirinha geben.

Mit der Literatur funktioniert es ähnlich. Viele Autorinnen und Autoren fragen an, ob sie bei mir lesen dürfen, sodass ich eine Auswahl treffen muss. Auch Verlage treten an mich heran. Wenn die Verlage die Kosten für die

Autorin oder den Autor übernehmen, kann ich das akzeptieren. Immer wieder versuche ich auch Jungautoren reinzunehmen, die noch kein großes Publikum haben. Bringt für mich den Vorteil: Die haben einen großen Freundeskreis, da kommen neue Leute her, denn sie wollen die erste Lesung von der Freundin oder vom Freund hören.

Der Buchverkauf geht gut, leben könnte ich nicht davon, ich arbeite mit einem befreundeten Buchhändler zusammen, daher bekomme ich Rabatte, sonst hätte ich keine Chance, auch Bestellungen wickle ich über ihn ab. Das dauert halt eine Woche, doch die Leute akzeptieren das, trinken ein Glas Wein bei mir. Ich kenne meine Pappenheimer und weiß, welche Literatur sie lesen möchten.

Wir sind eine Art erweitertes Wohnzimmer, ein NichtraucherInnen-Lokal. Tagsüber kommen Väter und Mütter mit ihren Kindern, die stundenlang dasitzen und es fein haben, abends dann eher exklusivere Essensgäste. Es geht sich alles gut nebeneinander aus. Bei mehr als vier Kinderwägen wird es allerdings eng. Im Sommer ist es fein mit dem Schanigarten.

Meines Wissens war vor mir eine Blumenhandlung hier, dann ein Hühnergeschäft, danach Gemüse und schließlich ein Fischhändler. Dann ist es lange leer gestanden. Jemand hatte mir das Lokal vor der Nase weggeschnappt, ich hatte schon verhandelt, als ein anderer mehr geboten hatte als ich, jedoch den Besitzern imponierte, wie hartnäckig ich drangeblieben bin.

Wie alle Marktstände ist es ein Superädifikat, das besagt, ich habe das Gebäude gekauft, der Grund und Boden gehört der Stadt Wien, dafür bezahle ich Miete und unterliege der Marktordnung. Ich darf am Sonntag und am Feiertag nicht aufmachen, denn ich bin Marktstandlerin mit allen Vor- und Nachteilen. Es war zwar kein Kindheitstraum von mir, aber ich bin stolz darauf, Marktstandlerin zu sein.

Vieles ist leichter mit Behördenbewilligungen, aber manches auch schwieriger, weil für alles das Marktamt zuständig ist. Die kontrollieren und machen einem wegen Kleinigkeiten das Leben bei Genehmigungen schon manchmal schwer. Der Vorteil ist, dass alles unter einem Hut ist. Man kennt die Ansprechpartner, leider sind sie jetzt nicht mehr gleich ums Eck. Was wohl mit diesem wunderschönen Gebäude geschehen wird, in dem sich einst das Marktamt befand?

Marktstandlerin wollte ich zwar nicht werden, obwohl ich irgendwie in der

Gastronomie zu Hause bin und mein ganzes Studium hindurch gekellnert habe. Studiert habe ich Germanistik und wollte etwas mit Büchern zu tun haben. Danach habe ich als Journalistin lange dieses Ziel aus den Augen verloren und war zwölf Jahre Produktionsleiterin in der Filmbranche. Irgendwann habe ich mir gesagt, jetzt möchte ich mein eigenes Ding machen, wobei sich klar herauskristallisiert hat, es sollten meine beiden Leidenschaften Bücher und Essen berücksichtigt werden. In einem kleinen Lokal müsste sich das ausgehen, habe ich mir gedacht.

Etwas, das zum Markt passt, und etwas, das zu mir passt, danach habe ich gesucht. Der letzte Film, den ich gemacht habe, handelte von Höhlen im Oman, und ich bin ständig nach Maskat geflogen. Meine Kollegen aus dem Team haben mir Muskatblüten geschenkt. Mit einem Mal stand das Wort fest und hat sich in meinem Kopf festgesetzt. Muskat passt zum Markt und ist zugleich international. Als dann noch die Domain muskat.at frei war, gab es keinen Weg mehr zurück. Der Muskat-Ottonel von meinem Winzer trägt mein Logo, es gibt ihn nur bei mir. Kleinigkeiten, die mich total freuen.

In meiner Umgebung sind viele Türken, erste, zweite und dritte Generation, die sind viel neugieriger als die Österreicher. Was machst du da? Brauchst du eine Scheibtruhe? Kann ich dir helfen? Sie kommen zu mir auf einen Kaffee, schätzen meinen Muskat-Kaffee sehr. Auch zu den anderen Gastronomen besteht kein Konkurrenzdenken, wir reden uns zusammen, was verlangst du für den Aperol-Spritz? Kannst du mir einen Kilo Mehl borgen? Machen wir gemeinsam ein Fest? Ich habe beim Gerald (Café Berger – Engelmaier) im Garten schon Essen serviert, er hat von mir Wein geholt. Das ist zwar eine ganz andere Gesellschaft bei ihm drüben als bei mir, das ist Alt-Ottakring bei ihm, und ich habe doch eher Bobos, dennoch geht das super zusammen. Das ist eine Gaudi, wenn die drüben im Schanigarten 70er-Jahre-Musik spielen und wir haben hier Klassik, dann dreht er leiser. Echt fein. Ich habe noch keine negativen Erlebnisse gehabt.

Die Gebietsbetreuung hilft uns auch viel, wenn irgendwo Probleme auftauchen. Zwar haben wir jetzt die Junkies hier, das betrifft mich weniger, aber vorne bei der Toilette liegen Spritzen, gleich beim Kinderspielplatz, das ist nicht so klass und führt zu einer hohen Polizeipräsenz. Die wurden vom Karlsplatz vertrieben und in die Josefstädter Straße verlagert, doch haben sie dort keinen Raum zur Verfügung, also müssen sie irgendwohin, wandern daher zu uns herüber. Die alten Alkies gehören zum Stadtbild, sie sind auch meist harmlos, aber die Junkies sind zum Teil recht aggressiv. Ich bin noch nie bedroht worden, aber es bringt eine andere Stimmung.

Ich stamme aus der Steiermark und bin zum Studium nach Wien gekommen, das war vor 26 Jahren, wollte nur kurz bleiben. Seit 17 Jahren wohne ich mit meinen beiden Töchtern im Achten. Da die Wohnung über keinen Balkon verfügt, hat es sich immer wieder ergeben, dass ich am Abend noch schnell einkaufen ging und danach auf der Piazza einen weißen Spritzer getrunken habe. Daraus resultierte die Idee, hier möchte ich etwas machen. Ich habe fünf Minuten zu Fuß nach Hause beziehungsweise in die Arbeit, was sehr angenehm ist.

Ein jeder kennt jeden, man weiß alles voneinander, wie in einem Dorf, und der Vorteil ist, es hilft mir jeder, falls etwas wäre. Ich fürchte mich nicht. Dem Gerald seine Gäste schauen rüber, ob bei mir alles in Ordnung ist. Würde ich einen Schrei ausstoßen, stünden sie alle parat.

Mittlerweile ist das Café Muskat leider geschlossen!

Über vier Jahre bin ich hier. Das Lokal kenne ich seit meiner Zeit als Lehrling. 69 bin ich nach Wien gekommen, bei der Stadtbahnstation Josefstädter Straße befand sich damals ein riesengroßes Restaurant, dort habe ich Koch gelernt und in der Schellhammergasse gewohnt. Das Café Berger gibt es mindestens seit den 60er-Jahren, ein typisches Marktcafé.

Und den Markt kenne ich, also den richtigen, als er noch in österreichischer Hand war. Ich bin als Kochlehrling auf und ab gegangen, habe einkaufen müssen, alles hat anders ausgeschaut als jetzt, war österreichischer, da war noch nicht alles gleich. Wenn man jetzt vom Yppenplatz zur Thaliastraße geht, gibt es überall, sowohl links als auch rechts, das gleiche Angebot. Die „Fetzen" waren noch nicht vorhanden, da wurde Gemüse verkauft – und vor allem Qualität.

Woran die Nivellierung liegt, weiß ich nicht. Es wird keine Qualität hier am Markt geboten. Bestimmte Dinge gibt es einfach nicht. Du kriegst überall Berge von Petersil, aber keinen Schnittlauch, den braucht man aber für eine Suppe. Wahrscheinlich essen ihn die Türken nicht, der Markt ist ja nur in türkischer Hand. Bei der Thaliastraße gibt es einen Österreicher.

Am Samstag sind die Bauern hier, aber die sind am Yppenmarkt, nicht drinnen auf der Brunnengasse. Von Montag bis Freitag ist es hier tot, alles voller Lokale, aber kein Markt. Dadurch auch kein Leben. Drei Jahre war ich in Paris, dort ist Montag und Mittwoch Markt, da gibt es ein Leben. Am Freitag stehen gar nur zwei Standler hier, ich habe immer zu den Marktamtleuten gesagt, lasst die in der Brunnengasse stehen, damit es irgendeine Belebung gibt. Geht nicht, machen die Beamten nicht.

Erst gestern haben wir darüber diskutiert. Um Hunderttausende Euro wurde renoviert – und für meine Begriffe ist ein totaler Flop daraus geworden. Man muss nur durchgehen und schauen, der Samstag ist besonders extrem, jeder hat dasselbe Zeug. Natürlich war das früher ganz anders.

Lauter Türken, kaum mehr Österreicher. Neun sollen es sein. Aber da bin ich schon dabei. Café Müller, Fleischerei Sterkl, Thallmaier Speck, Café Messner, Blumen-Weiser und gleich ums Eck, in der Friedmanngasse, das Gasthaus Neumeier, ein altes und typisches, schönes Wiener Gasthaus.

Ich habe im 3. Bezirk ein Lokal besessen, das war größer, personalaufwändiger, auch meine Frau hat im Betrieb mit-

geholfen. Als sie zu studieren begonnen hat, dann mit dem Studium fertig geworden ist, habe ich das Lokal verkauft und mir gedacht, ich suche mir ein kleines Lokal, dann habe ich dieses hier gefunden. Nach einem halben Jahr reiflicher Überlegung und Beobachtung, weil es doch eine sehr spezifische Gegend ist. Früher, in den 60er-Jahren, waren die Wiener Rotlichtgrößen hier. Es hat Morde gegeben, hier herinnen nicht, aber auf dem Platz. Drüben hat es das Café Salomon gegeben, unten am Eck noch ein Café. Von den Morden habe ich in der Zeitung gelesen, bin aber als Lehrling, als junger Bursch, dort nicht hineingegangen.

Meine Gäste sind ältere Wiener und die ehemaligen Strizzis von dazumal, die heute auch schon 60 oder 70 sind, eben im fortgeschrittenen Alter, die sind heute auch noch da. Zu Hause bin ich im 3. Bezirk. Ich fahre mit der U-Bahn hin und her, das geht super in einer Viertelstunde.

Das Geschäft ist ein bissl zurückgegangen, es sind eben die typischen Wiener, vormittags ist es lebhafter, aber alles hat nachgelassen. Die Österreicher sind weg, von den Ausländern kommt kaum einer rein, sie bleiben lieber unter sich.

Jeden Tag komme ich um sieben Uhr in der Früh her, manchmal wird es zehn oder elf Uhr am Abend – das ergibt eine 100-Stunden-Woche, seit vier Jahren kein Urlaub, weil ich fast allein bin, mit nur einer Angestellten. Die Arbeit mache hauptsächlich ich, bin in der Früh als Erster da und gehe als Letzter heim.

Mein Anfang am Brunnenmarkt war zirka 1968, seit damals bin ich hier in der Umgebung. Lange Zeit bin ich mit meinem Mann als Marktfahrerin dort gestanden, wo der Sterkl sein Geschäft hat, aber auch vis-a-vis der öffentlichen Toilette am Yppenplatz, habe Nato-Jacken und Herren-Oberbekleidung verkauft, später dann Spitzen und Bettzeug. Eines Tages habe ich den Spleen gekriegt, mich von meinem Mann zu lösen, weil ich eben mehr auf der psychologischen Tour unterwegs war und er Sachen gemacht hat, die mir nicht getaugt haben. Manche Leute wollen geistig hinauf, andere zieht es geistig in niedrige Gefilde. Ihn zog es leider hinunter, obwohl er aus einer adeligen Familie stammte. Sein Großvater war der Komponist und Philosoph, Pionier der Zwölftonmusik Anton von Webern. Jedenfalls ist die Ehe in die Brüche gegangen. Vorerst habe ich als Marktfahrerin allein weitergewurstelt.

Bis ich jemanden kennengelernt habe, der mir eingeredet hat, das Geschäft zu übernehmen. Also habe ich mir 1986 das Geschäft eingebrockt. Meine Aufgabe sollte sein, im Geschäft zu sein, während er mit meinem Auto in die Türkei fährt und billige Ware einkauft, denn er war Türke. Was er gebracht hat, kostete in der Türkei weniger, als er mir verrech-net hat. Das war eine Petite, ein Betrug, wodurch ich in ein derartiges finanzielles Schlamassel geraten bin, dass ich einen Privatausgleich anmelden musste. Für einen Konkurs hätte es nicht gereicht, ohne Masse kein Konkurs, bei mir war eben so gut wie nichts vorhanden. Ich musste mit den Firmen verhandeln, habe jedem ein bissl etwas gezahlt, so bin ich rausgekommen mit fast keiner Ware. Jeden Schilling, der mir übrig geblieben ist, habe ich in Ware gesteckt. Ich habe mir gedacht, sobald ich einmal mit dem Geschäft aufhöre, werde ich mein Siedlungshaus, das schon total verfallen war, renovieren. Mein Glück war, dass es kein Eigentum, sondern gemietet war, sonst hätten mir die alles weggepfändet. Das Haus hat zur Hälfte noch immer meinem ersten Mann gehört.

So habe ich halt gewurstelt, habe immer alles Geld in Ware hineingesteckt, mir gedacht, je mehr Ware ich habe, desto besser geht das Geschäft, in Wahrheit ist es aber immer schlechter geworden, es gibt hier keine Gemüsestände mehr, und in einer toten Seitengasse, wo kein Mensch geht, kann man kein Geschäft machen. Das Geschäft hat mich damals 150.000 Schilling Ablöse gekostet, heute darf man keine Ablöse mehr verlangen. Und wer würde das Geschäft übernehmen? Kein Mensch. So bin ich mit 74 Jahren immer noch da, solange es halbwegs geht. Vom Renovieren keine Rede, kein Geld.

Vorarlberger Spitzen, diese Idee hat der türkische Mann gehabt, mit dem war ich fünf Jahre verheiratet. Wir sind immer nach Vorarlberg gefahren und haben Spitzen eingekauft, was eine Zeit lang recht gut gegangen ist. Das war noch bevor ich das Geschäft übernommen habe, da habe ich die Spitzen auf meinem Marktstandl präsentiert. Unter den Schwarzafrikanern hat sich das herumgesprochen und die haben diese Spitzen gerne gekauft. Nachdem ich erkannt habe, dass mich dieser Mann nur linkt und ausnimmt, ist auch diese Ehe in die Brüche gegangen, und ich habe wieder einmal allein weitergewurstelt.

Heute bin ich froh, dass ich das Geschäft habe, weil die Erhaltung billiger ist als ein Auto. Ohne Auto kannst du nicht Marktfahren, alles so ausräumen wie damals, könnte ich heute auch nicht mehr. So gesehen, ist das Geschäft schon gescheiter, aber der Verdienst ist ein Jammer, im Monat zwischen 100 und 200 Euro, hätte ich nicht eine Pension, auch nur 600 Euro, tät ich lieb ausschauen.

Es sind nicht mehr viele, die noch wissen, dass sie bei mir Sachen für alte Leute kriegen, Strümpfe oder Unterhosen, die bis unter das Knie gehen, Unterkleider und Hemden. Wer trägt heute noch ein Unterhemd? Nicht einmal ich trage mehr eines, weil diese Leiberln sind fast wie ein Unterleiberl, warum sollte ich da ein zweites drunter anziehen? Manche Sachen von Huber, für Herren und Damen, finden sie sonst angeblich auch nirgends, daher sind sie froh, diese Ware bei mir zu entdecken. Und Arbeitsbekleidung führen alle Baumärkte, zwar sehr billige Qualität, während ich nur österreichische Ware handle. Von zehn Leuten, die wegen einer Arbeitsbekleidung fragen, gehen neun wieder, weil sie ihnen zu teuer ist. Diese Ware kann ich nicht tonnenweise aus dem Ausland importieren.

Den Namen El Seidy habe ich von meinem dritten Mann, einem Ägypter.

Etwas Witziges muss ich Ihnen erzählen: Eines Tages sind zwei Männer vom Finanzamt aufgetaucht, sie müssen kontrollieren, weil mit meinem Vorsteuerabzug und meinem Verdienst könne etwas nicht stimmen. Habe ich gesagt: Bitte schauen Sie sich an, was das kostet, diese Kinderkleider und diese Nachthemden, alle aus der Türkei, ich verkaufe sie unter meinem Einkaufspreis, damit ich sie irgendwie anbringe, weil sie Ladenhüter sind. Bitte notieren Sie sich das. Die haben sich das nicht notiert. Die eine Tochter hat nach einem Zeckenbiss eine Gehirnhautentzündung bekommen und war mit ihren zwei Kindern bei mir zu Hause. Ich war bis sechs Uhr im Geschäft, wenn ich nach Hause kam, musste ich kochen und mit den Kindern spielen. Da blieb mir keine Zeit für eine Buchhaltung, aber sie wollten die ganze Buchhaltung. Ich habe gesagt: Hier nehmen Sie die ganzen Zetteln, leider sind sie nicht nummeriert. Ich habe zwar die Buchhaltung nicht gemacht, aber ich habe nach den Zetteln immer genau gerechnet, was Vorsteuer ist, ich habe keine Petite begangen. Bald danach hat es geheißen, da fehlen Rechnungen im Wert von 80.000 Schilling. Habe ich erklärt: Das gibt es nicht. Ich hätte mir von 80.000 Schilling unrechtmäßig die Vorsteuer abgezogen. Also habe ich eine Strafe gekriegt, die ich nie habe zahlen können. Höchstens 500 Schilling im Monat, mehr kann ich nicht aufbringen. Gegen das Finanzamt bist du machtlos. Irgendwann sind sich nicht einmal die 500 Schilling mehr ausgegangen, ich habe kein Geld gehabt. Eines Tages ist wieder einer vom Finanzamt dagewesen, sein Chef habe gesagt, kommen Sie ja nicht ohne Geld zurück. Nur eine Ausnahme gilt: Wenn die Frau Sie aus dem Geschäft hinausträgt. Das war ein Mensch von 120 Kilo Gewicht. Wissen Sie, was ich gemacht habe? Ich habe ihn am Hosenboden und am Kragen gepackt und ihn hinausbugsiert. Der hat geschrieen und ist gegangen.

Die Fotogalerie „anika handelt" besteht am Yppenplatz seit Mai 2009, inspiriert von „Soho in Ottakring". Aus der Fusion von Agnes (Reinthaler) und Monika (Obermaier) ist „anika" entstanden. „handelt" hat eine zweifache Bedeutung, also einerseits handeln, weil wir versuchen, Fotos zu verkaufen, andererseits handelt es sich auch um Veranstaltungen, zu denen wir Experten aus dem fotografischen Feld einladen. Fotografen können dann in 20 Minuten, zum Teil in Einzelgesprächen, ihre aktuellen Portfolios vorstellen und sich Kritik, hoffentlich im positiven Sinn, einholen. Manchmal sind dadurch Ausstellungen zustande gekommen, wurden Beiträge in Magazinen veröffentlicht. International ist diese Praxis üblich, in Österreich allerdings noch wenig bekannt. Daher auch das Handeln, weil wir versuchen, auf dem Feld der Fotografie ein bisschen etwas weiterzubringen.

Mit dem Jahreswechsel 2010/2011 haben Monika und ich uns entschieden, jeweils unsere eigenen Wege zu gehen, sodass ich jetzt die Galerie allein weiterführe, während Monika unter dem Namen „anika handelt" Consulting betreibt, darunter fällt unter anderem, Fotografen zu beraten, etwa bei der Planung von Projekten.

Jetzt bin ich hier zwar allein auf weiter Flur, bin aber ganz glücklich damit. Im Schnitt zeigen wir alle zwei Monate eine Ausstellung. Unlängst musste ich erstmals in meinem Leben die Polizei rufen. Ein platzbekannter Alkoholiker hatte eine Veranstaltung dermaßen gestört, zweimal habe ich ihn hinausgeworfen, beim dritten Mal dann die Polizei verständigt, was mir sehr unangenehm war, doch es ging nicht anders. So etwas kann woanders auch passieren, hat nichts mit dem Yppenplatz zu tun. Ich finde den Platz einfach genial, dass er autobefreit ist und dass es diesen Mischmasch an Kulturen gibt, ist echt super. Ich habe immer einen Sessel draußen vor der Galerie stehen, das finde ich irgendwie schön. Jetzt hat man mir meinen Sessel gestohlen, der war plötzlich weg, keine Ahnung, wer so etwas macht. Es war ja kein kostbares Stück.

Rein geschäftlich gesehen habe ich nichts dagegen, dass immer mehr Leute herziehen und dass es diese Gentrifizierung gibt, obwohl es etwas schräg ist, dass Leute, die über Geld verfügen, oben im Dach wohnen und die Emigranten immer noch unten. Aber ich vermute, das ist der Lauf der Zeit und relativ normal in jeder Stadt.

Jene Leute, die oben wohnen, kaufen teilweise schon, da sie große Wohnungen besitzen. Darunter gibt es zwei Kategorien, die einen wollen nur ihre Wände dekorieren, die anderen haben Interesse an Fotografie und Kunst, die sind natürlich interessanter, denn sie sind weniger oberflächlich. Ich stand schon vor der Entscheidung, ob ich umziehen soll, weil der Mietvertrag ausgelaufen war, und ich habe lange überlegt, ob ich in eine zentralere Lage übersiedeln soll, jedoch abgesehen vom Finanziellen, eine Galerie im 4. Bezirk oder in der Gumpendorfer Straße oder gar im 1. Bezirk aufzumachen, was quasi unleistbar ist, fühle ich mich einfach wohl hier, ich mag das Lokal gern, es ist ideal für meine Erfordernisse, von der Größe und der Durchleuchtung perfekt. In den Bürobereich scheint nur hin und wieder die Sonne herein, schließlich sollen Bilder nicht dem Sonnenlicht ausgesetzt werden, damit sie nicht ausbleichen. Deshalb habe ich entschieden, hierzubleiben, was auch für die Vermieter okay war. Bloß die Fassade werde ich ändern, die erscheint mir allzu unauffällig. Da wird ein bisschen Farbe Abhilfe schaffen. Leider ist es nicht so, dass ich von der Galerie leben kann. Also mache ich einen Nebenjob, damit ich sie erhalten kann. Mein Ziel wäre, irgendwann einmal nur mehr die Galerie zu betreiben.

Wir sind auf Fotografie spezialisiert. Der Verkauf von Fotos ist zwar schwierig, jedoch glaube ich, dass es besser werden wird, es ist eben ein Kampf, der wirklich mühsam ist. Man kann beobachten und vergleichen, was international läuft, weshalb die Hoffnung nicht stirbt. Man muss eben durchhalten.

Die Galerie Faber war die erste Fotogalerie in Wien, aber sie haben sich auf die klassische Moderne, auf die historische Fotografie spezialisiert, dafür ist sie weltweit bekannt. Zeitgenossen werden auch von der Galerie Momentum angeboten, wogegen sich das „Westlicht" noch immer nicht entscheiden konnte, ob es ein Museum oder eine Galerie ist, jedenfalls verkaufen sie auch. „anika handelt" war 2011 das erste Mal auf der Vienna Fair vertreten, das war sehr aufregend für mich, an einer Kunstmesse teilzunehmen.

Es gibt ein Kernpublikum, das sind die Leute aus der Fotoszene. Monika und ich, wir haben mal im „Westlicht" gearbeitet, das ist eine kleine Szene, und man lernt diese Leute kennen und man trifft sich immer wieder auf Veranstaltungen, egal ob die eigenen oder andere fotospezifische. Das Stammpublikum wird erweitert durch jene Leute, die mit dem Künstler oder der Künstlerin mitkommen, aber immer mehr auch durch Nachbarschaft und Straßenpublikum. Inzwischen erreicht man auch über Facebook ein Publikum, ich bin zwar kein großer Fan, aber für die Firma ist es nicht schlecht, man kann billig und schnell Neuigkeiten hinausschießen.

Für die Nachbarn haben wir gemeinsam mit der Brunnenmarktpassage ein schönes Projekt gemacht, an dem ich anlässlich des „Monats der Fotografie" auch mitgearbeitet habe. Uli Aigner, eine von mir betreute Fotografin, hat versucht, rund um den Yppenplatz in einem Stockwerk alle Wohnungen abzugehen und die Leute dort zu porträtieren. Eine super Idee und eine wahnsinnig spannende Umsetzung. Die österreichischen Omis waren alle sehr misstrauisch, Studenten waren kein Problem, auch bei den Bobo-Bewohnern kein Problem, jedoch die türkischen Familien waren sehr misstrauisch, zum Teil war es auch ein Verständigungsproblem, wenn jemand anläutet: Hallo, ich möchte Fotos machen. Schlussendlich ist aber eine sehr nette Ausstellung zustande gekommen. Die Leute von der Brunnenmarktpassage bemühten sich sehr, Reaktionen der Bewohner zu bekommen.

Ich wohne nicht am Yppenmarkt, aber schon seit zehn Jahren im 16., erst in der Hasnerstraße, dann in der Deinhardsteingasse, und jetzt sind wir weiter hinausgezogen, in die Nähe des Ottakringer Friedhofs, genau bei der Endstation der 2er-Linie. Mit der U3 bist du in zehn Minuten in der Stadt. Etwas weit draußen, aber auch mit dem Rad gut erreichbar. Mein Mann und ich sind begeisterte Ottakringer. Es ist zwar wie auf dem Land, aber verkehrstechnisch gut angeschlossen. Ich komme aus einem Dorf, deshalb bin ich froh über ein Dorf-Stadt-Gefüge. Man ist daheim, muss aber nicht öffnen, wenn es an der Eingangstür läutet. Im Dorf darfst du das nicht machen, denn sobald jemand mitkriegt, dass du daheim bist, gibt es gleich ein wildes Gerede. Eine Stadt hat Vorteile, und hier am Yppenplatz zu arbeiten ist genial, weil alle Geschäftsleute zusammenhalten. Die Frau „Muskat" und der grantige Herr Engelmaier sind meine nettesten Nachbarn.

M ein älterer Bruder Ivo hat den Stand 2005 übernommen und ihn über ein Jahr unbenützt gelassen, da die Betriebsgenehmigung nicht sicher war. 2005 war es noch nicht so, dass am Brunnenmarkt die Gastronomie freigegeben war, das war erst ein Jahr später, als der Yppenmarkt in den Brunnenmarkt integriert wurde. Offiziell haben wir im April 2006 mit dem Umbau angefangen und am 5. Mai eröffnet, an meinem Geburtstag, aber das war ein Zufall.

Der Platz hat sich sehr schön entwickelt, was die Gastronomie anbelangt, also wir können uns in Wien sehen lassen, unser Nachbarlokal auch, wir müssen uns nicht hinter dem Naschmarkt verstecken.

Konkurrenz gibt es nicht, sondern Kollegen, die ein anderes Konzept verfolgen. Keiner schnappt dem anderen etwas weg, weshalb der Platz beliebt ist, denn die Leute können rotieren. Ich bin überhaupt nicht böse, wenn ein Stammgast morgen drüben sitzt, ganz im Gegenteil, ich freue mich darüber. Für mich ist es auch langweilig, immer dasselbe Lokal zu besuchen. Deswegen hat der Yppenplatz dieses Flair, weil die Gäste zirkulieren. Also Konkurrenz unter Anführungszeichen – „jein". Wir leben voneinander. Ob wir der Größte sind? Ich

bin 1,77 Meter. Was das Lokal betrifft, stimmt das schon.

Als wir dieses Café eröffnet haben, war unsere Nachbarin, die Großhändlerin Anna Radowan, noch aktiv. Jedoch gab es ständig Beschwerden der Anrainer, wenn morgens um fünf Uhr die LKWs hereinfuhren. Irgendwann hatten sie genug davon und haben sich zum Verkauf entschieden. Ich wollte die Halle nicht kaufen, drei Monate hat es gedauert, dann bin ich zum Paul hinübergegangen, dem Schwiegersohn der Anna Radowan. Paul, was ist los, wo liegt das Problem? Ich krieg das Ding nicht weg. Er hat einen Preis genannt, darauf habe ich ihm den Handschlag gegeben. Ich wusste zwar noch nicht, was wir damit machen werden, aber der Preis war für mich passend. Über ein halbes Jahr haben wir Miete bezahlt. Meine zwei Brüder haben mir schon gedroht. Was fangen wir mit der Halle an, für die wir Miete bezahlen? Da sind wir auf die Idee gekommen, dass wir ein Fisch- und Pasta-Lokal eröffnen könnten, also zwei Lokale, ein Teil Fisch, ein Teil Pasta. Schließlich haben wir uns doch für ein Fisch-Restaurant entschieden. Wir mussten nicht lange recherchieren, wir wussten, dass sich Fisch hier gut verkaufen lässt, die Kundschaft ist da, ich war schließlich schon drei Jahre auf dem

Platz. Man unterschätzt die Gegend, man denkt Ghetto, Ausländer, kein Geld. Wir haben genug zahlungskräftige Kunden hier. So kräftig, dass sie mich aufkaufen können, obwohl ich der größte Gastronom bin. Im Oktober 2009 haben wir das Fisch-Restaurant eröffnet.

Wir sind drei Brüder, die Kilicdagi-KG. Mein älterer Bruder Ivo Kilicdagi ist am Naschmarkt sehr aktiv und bekannt. Wir waren die ersten, die am Naschmarkt die Lokalszene in Gang gesetzt haben. Aber auch hier am Brunnenmarkt. Als erste haben wir im Marktgebiet ein Lokal eröffnet – also auch hier wieder Pioniere.

Wir drei Brüder sind alle in der Türkei geboren, in Mittelanatolien, Göreme liegt in der Nähe von Kayseri. Mein jüngster Bruder Ergün kam mit einem Jahr nach Stuttgart, ich mit elf und mein ältester Bruder mit 17 oder 18. Ich war 28 Jahre in Stuttgart, bin in Stuttgart groß geworden und lebe jetzt in Wien. Mein jüngerer Bruder kann sehr gut Schwäbisch, ich habe das immer weggedrängt.

Bei einfachen Dingen sprechen wir miteinander Türkisch, bei etwas Kompliziertem schalten wir um auf Deutsch, weil wir das besser beherrschen. Ein Elfjähriger hat keinen so großen Wortschatz, was das Türkische angeht. Sie haben mich in die fünfte Klasse Hauptschule gesteckt, und ich konnte kein Wort Deutsch. Zwar habe ich die Schule geschafft, aber oftmals verstand ich nichts, wusste gar nicht, was der Mann von mir wollte. Wenn Sie eine Sprache perfekt können, können Sie eine andere Sprache viel schneller erlernen, weil Sie das Kontra haben. Ich wusste nicht, wie Kiwis auf Türkisch heißen. Für meinen jüngeren Bruder war es leichter, er hat schon im Kindergarten Deutsch gelernt. Mit den Eltern reden wir nur Türkisch. Zum Brotkaufen langt ihr Deutsch, aber für mehr nicht. Meine Mutter hat nie gut Deutsch gelernt, sie war immer Hausfrau. Sie ist jetzt Rentnerin und pendelt zwischen Wien und Anatolien. Mein Vater ist vor sechs Jahren gestorben.

Am Brunnenmarkt hat sich viel geändert, aber in negativer Hinsicht. Wenn man den Brunnenmarkt beobachtet, wird er langsam wie der Naschmarkt: Die Obststände werden immer weniger, dann diese Ramschsachen. Das ist eine traurige Entwicklung. Insofern verliert der Markt seinen Charakter, der Markt sollte Obst und Gemüse anbieten, jedoch wird das Angebot immer geringer. Insofern ist es am Brunnenmarkt schlechter als am Naschmarkt. Vieles ist zwar günstiger in einem Gebiet, wo viele Ausländer leben, Türken kaufen gleich zehn Kilo Kartoffeln, ein Österreicher nimmt ein Kilo. Unlängst habe ich einen 5-Kilo-Sack Kartoffeln für 59 Cent gesehen, das ist irre. Ich weiß nicht, was die Leute verdienen, wie viel bleibt dem Bauern? Die Kalkulation geht einfach nicht auf. Entweder hat sich der Verkäufer verschrieben oder er ist von der EU subventioniert. Von solchen Kartoffeln können Sie wahrscheinlich drei Viertel wegschmeißen. Ich bezahle beim Großhändler 60 Cent für ein Kilo. Wir kaufen von einem Bauern aus Niederösterreich. Das ist zwar etwas teurer, aber die Qualität passt. Mein Bruder besaß am Naschmarkt einen Gemüsestand, den haben wir aber aufgegeben, hat sich nicht rentiert.

Ich war 13 Jahre als Polier am Bau tätig, danach war ich zehn Jahre Taxiunternehmer und seit sieben Jahren bin ich hier. Es ist immer eine Frage der Leidenschaft: Stehe ich hinter meinem Produkt oder nicht. Wir stehen zu 100 Prozent zu dem, was wir machen. Unsere Philosophie ist, dass wir nichts verkaufen, was wir nicht selbst essen. Das hat uns schon unsere Mutter beigebracht. Jeder Gast soll bekommen, wofür er bezahlt. Ich möchte nicht großkotzig sein, aber einige Gastronomen vom Naschmarkt werden nicht

überleben. Der Gast ist nicht dumm. In der Masse fällt es nicht auf, aber hier muss man brutal aufpassen. Ich kenne meine Gäste schon in der zweiten Generation, ich weiß die Namen ihrer Kinder. Kritik ist für mich lebenswichtig. Was für die Pflanzen das Wasser, ist für mich die Kritik, davon gedeihe ich. Kommt zwar selten vor, aber ab und zu kommt ein Kebab zurück, ein Salat, der nicht passt, da wird gleich kontrolliert.

Lahmacun ist eine arabische Erfindung und der Vorgänger der italienischen Pizza. Sie können den Lahmacun am Brunnenmarkt für 3,50 Euro bekommen, aber da ist nur ein Esslöffel Fleisch drauf. Bei uns sind es wirklich 150 Gramm Faschiertes. Sieht zwar wenig aus, ist aber nicht wenig. Sonst kann ich den Preis nicht halten.

Bei den Standlern ist der Preiskampf stark, jeder schaut, was der Nachbar verlangt. Käme ein zweites Fischrestaurant, wäre das für mich interessant, doch könnte es nicht mit mir konkurrieren, weil ich die Fische selbst aus Italien importiere. Wir haben schon daran gedacht, Fische zu verkaufen, die Frage ist allerdings, ob der Brunnenmarkt das noch verträgt. Die Fischhändler kaufen alle in Österreich, hauptsächlich bieten sie Karpfen, Goldbrasse und Wolfsbarsch an. Forellen sind auch auf dem

Naschmarkt nicht so einfach zu bekommen, man muss sie bestellen. Viele Leute mögen Forellen nicht, in Stuttgart war Forelle immer im Gespräch.

2006, als wir angefangen haben, gab es Streit wegen dem Schanigarten auf dem Platz zwischen drei Bäumen. Wir hatten alle Genehmigungen vom Marktamt. Da die Pflastersteine uneben sind, haben wir beschlossen, dass wir einen Holzboden verlegen wollen. Für das Marktamt kein Problem. Also haben wir den Zimmermann kommen lassen, der hat gemessen, wir haben bestellt, er hat begonnen, das Holz zu verlegen, eine Hälfte war bereits fertig. Am nächsten Tag fängt der Tischler wieder zu arbeiten an, plötzlich stehen Beamte vom Marktamt und vom Magistrat hier: Stopp. Wieso eine Anzeige? Von der Konkurrenz. Eine Kommission wurde einberufen, das war der Witz, wir dachten zuerst, es ginge um den Holzboden, hingegen hat sich herausgestellt, unsere Nachbarlokale wollten nicht, dass wir über einen Schanigarten verfügen. Riesenärger und Baustopp. Zwei Wochen Verhandlungen hin und her, bis der Bezirksvorsteher gesagt hat: Wissen Sie was, nehmen Sie Ihren blöden Holzboden weg, dann können die anderen nichts mehr dagegen einwenden. Also haben wir das Holz weggeräumt, für das wir 5000 Euro bezahlt hatten. Jetzt gibt es unseren Schanigarten eben ohne Holzboden. Den schönen Illy-Kaffee haben sie uns nicht zugetraut, vielmehr glaubten sie, dass wir Döner verkaufen. Keiner von uns isst Döner. Döner kann man nur essen, wenn man weiß, dass der Mann die Fleischstücke selbst auf den Spieß anbringt.

Im Hochsommer sind manchmal um die 1000 Leute hier. Der Lautstärkepegel ist so gering, es herrscht eine gelassene Stimmung, kein Stress, das ist das Gute am Platz. Am Naschmarkt gibt es viel Verkehr, der ein Echo bewirkt.

Ich definiere mich nicht mit dieser Emigration, das existiert für mich nicht. Dieses ethnische Denken sollte nicht stattfinden. Die meisten Kriege basieren auf einer ethnischen Ebene. Sobald ein Mensch die Pistole hochhebt, zeigt sich daran ein Versagen.

Ich bin ein sozial veranlagter Mensch. Da ich 33 Mitarbeiter habe, muss ich sozial denken. Ich denke nicht nur an uns, sondern auch an unsere Mitarbeiter, an ihre Familien. Unsere Philosophie ist, wer die Firma gefährdet, fliegt raus, denn er gefährdet ganze Familien, mich kann er nicht umhauen, jedoch schadet er den Kollegen, die haben Kinder und sind davon abhängig.

Das Café C.I., der Club International, existiert seit 28 Jahren. So etwas widerfährt einem, sobald man älter wird. Ich habe Raumplanung studiert und mich dann mit Stadtplanungsfragen befasst. Ein Kaffeehaus habe ich schon davor eröffnet, das America Latina war das erste südamerikanische Café in Wien. Bereits damals dominierte der Gedanke, Leute, die in der Bevölkerung unbeliebt sind, deren Andersartigkeit zum Konzept zu erheben. Diese Aktion hat bestens geklappt, und das Lokal ist optimal gelaufen, allzu gut, sodass wir bald Schwierigkeiten hatten mit den Nachbarn, pensionierte Hofräte und Witwen, und der junge sozialdemokratische Bezirksvorsteher hat sich sehr engagiert für diese Leute, die ihn sowieso niemals gewählt hätten. Jedenfalls hat er eine Betriebssperre erwirkt.

Bis wir unter größten Schwierigkeiten wieder aufsperren konnten. Die Taktik der Beamten war, den Fall dilatorisch zu behandeln, nämlich so lange aufzuschieben und zu verzögern, bis uns das Genick gebrochen ist, das heißt, so lange nichts zu tun, bis uns finanziell die Luft ausgeht. Als wir beim Bürgermeister Zilk vorgesprochen haben, hat er gemeint: So geht das nicht. Typisch für Wiener Beamte, am nächsten Tag kam ein Anruf: Wir wissen, ihr wollt wieder eröffnen, wann

können wir die Verhandlung ansetzen? Zuvor hatte es geheißen, wir bekommen einen Termin im Mai, dann wurden wir auf den Sommer vertröstet, also frühestens im September. Nach dem Zilk'schen Anruf war mit einem Mal der nächste Tag möglich. Genau so und nicht anders agiert die Beamtenschaft in Wien, wie ich sie auch hier am Brunnenmarkt kennengelernt habe. Duckmäuser. Erst wenn der Chef eine Order ausgibt, bewegen sie sich.

Als ich dann hergezogen bin, war ich überrascht, wie tolerant und freundlich die Leute hier sind. Die gleiche Situation: Ich mache ein Kaffeehaus auf mit Ausländern. Angenehm, keinerlei Probleme, ein bissl Gematschker im Haus, das erlebt jeder Betrieb, der irgendwo einzieht. Nach 28 Jahren merke ich, wie stark sich alles verändert hat. Inzwischen sind die Leute im Brunnenmarkt-Viertel genauso geworden, wie sie es früher im 6. Bezirk waren. Sind halt andere Schichten hergezogen, die Schickeria, die sich Dachböden kauft. Begleitet von den dazugehörigen Konflikten. Sie wollen mittendrin sein in der Szene, aber am Abend fordern sie Grabesruhe. Wenn jemand zuwiderhandelt, wird die Polizei angerufen. Das südamerikanische Lokal Fania hatte erst 14 Tage den Schanigarten geöffnet: Schon setzte es

vier Anzeigen von der Dame, die drüber wohnt. Obwohl sie erst eingezogen ist, nachdem das Lokal längst vorhanden war. Wenn ich die Wohnung kriege, breche ich euch das Genick, bringe ich euch in den Ruin. So ist der Umgang mit den Nachbarn inzwischen. Daran bemerkt man eine Veränderung im Bezirk. Schickimicki ist alles geworden.

In den ersten fünf Jahren, nachdem ich das C.I. eröffnet hatte, sind im Umkreis von 100 Metern fünf Morde passiert. Es hat das Marktbeisl noch gegeben, dort ist der berühmte Saugerl von Ottakring, Helmut Schönauer, erschossen worden. Andere behaupten, er ist an einem Herzinfarkt verstorben. Aber ich habe mich nie gefährdet gefühlt, weil die Auseinandersetzungen im Milieu geblieben sind. Uns haben sie übersehen, sind bei uns vorbeigegangen, sodass wir bis heute sehr nette Gäste haben. Ich freue mich immer wieder, wer aller bei uns ein und aus geht.

Dass der Yppenplatz mit Tischen vollgerammelt ist, halte ich nicht für gescheit, aber das Liebkind der SPÖ musste halt den attraktivsten Platz bekommen. Ich hatte versucht, diese Halle zu kaufen, war nicht möglich, weil Marktgebiet. Ein paar Monate später war es durch einen Trick möglich, nämlich durch die Zusammenlegung des Yppenmarkts mit dem Brunnenmarkt. Damit waren die 30 Prozent für Gastronomie, wie in der Marktordnung vorgesehen, mit einem Mal nicht mehr erreicht, und die Halle konnte gastronomisch genützt werden. Genauso bei der Fischhalle. Ich war beim Herrn Bezirksvorsteher, wir wollten die Halle zu viert kaufen: Ich nehme den ersten Streifen, der Inder neben uns den zweiten Streifen, der Jugoslawe den dritten Streifen. Für den letzten Streifen hatten wir einen Südamerikaner gewonnen. Wir wollten nur ein paar Tische davor aufstellen. Wäre das abwechslungsreichere Konzept gewesen. Der Bezirksvorsteher hat gesagt, ihr müsst das verstehen, für euch kann man keine Ausnahme machen. Dann wurde die Fischhalle eröffnet. Derart äußert sich Gleichheit vor dem Gesetz.

Wir hatten schon immer ein paar Tische auf dem Marktgebiet stehen. Um jeden einzelnen Tisch musste ich kämpfen, denn auf dem Marktgebiet darf man keine Tische aufstellen. Durch Hartnäckigkeit ist es mir gelungen, zuerst zwei Tische, dann drei, immer ein bissl mehr hinauszustellen. Nach dem Umbau des Yppenplatzes sind Lager für die Marktfahrer eingerichtet worden, und ein solches Lager haben wir gemietet und daraus die Rote Bar gemacht. Da auch ein

Winterbetrieb verpflichtend ist, haben sie uns sogar ein kleines Stück dazugegeben, weil mit vier Tischen kann man keinen Ganzjahresbetrieb führen, wenn drüben ein eigener Mitarbeiter angestellt ist. Es ist den Mächtigen im Bezirk hoch anzurechnen, dass sie uns diese Option nicht weggenommen haben.

Von Anfang an war der Club International verbunden mit einem Sozialprojekt. Ich habe Prozesse geführt für Zuwanderer, die reingelegt wurden im Zusammenhang mit ihren Wohnungen. Das war die Zeit, als die Ostgrenzen aufgegangen sind, die Bevölkerung in Wien mit einem Mal wieder angewachsen ist. Die Folge war eine Verknappung am Wohnungsmarkt, hinzu kam die Spekulation, dass in Wien und Budapest die Weltausstellung stattfindet. Viele naive Menschen wussten nicht, wie ein Mietvertrag aussieht. Da hast du Schlüssel, gib mir 500.000 Schilling, das ist deine Wohnung. Den Schlüssel haben diese Betrüger zum Beispiel von einem Installateur gekauft, der gerade in der Wohnung gearbeitet hat. Solche Sachen sind passiert. Oder es wurden Halbjahresverträge abgeschlossen, die Ausländer hatten keine Ahnung, dass sie nach einem halben Jahr wieder aus der Wohnung hinaus müssen. Wilde Dinge. Da sich niemand um diese Menschen gekümmert hat, ergab sich für mich die Notwendigkeit, diese Leute zu vertreten. Zu einem Rechtsanwalt haben sie sich nicht getraut, und die Mietervereinigung hat nichts unternommen. Also habe ich mich bevollmächtigen lassen, diese Menschen vor Gericht zu vertreten. Wir haben Forderungen eingeklagt, finanziert durch einen Anteil der erstrittenen Summe. 30 Prozent haben wir vereinbart. Die Anwaltskammer hat 13 Winkelschreiber-Verfahren gegen mich verloren, weil sie immer wieder behauptet hat, dies sei unlauterer Wettbewerb, und ich arbeite als Anwalt, ohne Anwalt zu sein, und ich lasse mir einen Anteil an der erstrittenen Summe versprechen, was nicht erlaubt ist. Tatsächlich war es eine freiwillige Spende, die Leute hätten jederzeit nein sagen können, doch waren alle bis auf wenige Ausnahmen so anständig und haben sich daran gehalten. Ich habe ihnen erklärt, wenn du uns nichts gibst, können wir für den nächsten nichts mehr machen. Das haben sie akzeptiert und gleichzeitig erkannt, dass ihnen durch uns die Wohnung erhalten bleibt und sie auf Dauer einen geringeren Mietzins bezahlen. Insgesamt ist sich das immer auf Null ausgegangen. Verdient haben wir nichts damit, wollten wir auch nicht, wichtiger war, dass im Jahr zwischen fünf und acht Millionen Schilling auf die richtige Seite umverteilt wurden. Die Sache hat so lange gut funktioniert, bis einige Mietrechtsnovellen gekommen sind, und man immer weniger zurückfordern konnte.

Sehr bald haben wir auch mit Deutschkursen begonnen, weil wir erkannt haben, dass es unter anderem daran liegt, dass die Leute so leicht reinzulegen sind, wenn sie nicht Deutsch können. Jahrelang hat die SPÖ geblasen, es ist sinnvoll, dass die Leute Deutsch lernen. Andererseits hat man bewusst ungebildete Leute gesucht, die den Kollektivvertrag nicht lesen können und Überstunden machen, ohne eine Bezahlung der Überstunden zu fordern. Denen ist nicht klar, wie wichtig es ist, die Landessprache zu verstehen. Daher ist ein Zwang durchaus sinnvoll und notwendig. Manche Leute sind 20 Jahre hier und können höchstens sagen: ich Österreich, sobald sie die Staatsbürgerschaft haben, und Notstandshilfe. Deshalb haben wir von Anfang an mitgemacht bei diesen Deutsch- und Integrationskursen, die wir auch heute noch anbieten. Inzwischen ist auch die SPÖ realistischer geworden und hat das kapiert.

Allerdings gibt es jetzt eine Gegenbewegung, indem man die A1-Kenntnisse schon bei der Antragsstellung verlangt. A1 ist der Antrag auf Niederlassungsbewilligung, die bereits im Ausland gestellt werden muss. In der Türkei kann man sich ein A1-Zeugnis kaufen, ebenso wie man sich im 2. Bezirk einen Führerschein bestellen kann und zwei Wochen später wird der türkische Führerschein ausgestellt, den man sich im Verkehrsamt umschreiben lässt. Derjenige muss nie in einem Auto gesessen sein. Auf diese Weise wird der Korruption in den Herkunftsländern Vorschub geleistet, werden Arbeitsplätze ins Ausland verlagert, anstatt dass Lehrer die Leute hier unterrichten.

Nach einer gewissen Zeit werden A2-Kenntnisse verlangt, das ist sinnvoll. A2 bedeutet, dass man ein Alltagsgespräch problemlos führen kann. B1 erfordert bereits recht gute Orthografie-Kenntnisse, eine Rechtschreibung, die fast schon an Maturaniveau heranreicht. Dass B1 für die Erlangung der Staatsbürgerschaft verlangt wird, ist eine Schweinerei. Eine Hausmeisterin, die vor 40 Jahren nach Wien gekommen ist, will vielleicht jetzt richtige Österreicherin werden, aber die Staatsbürgerschaft wird sie heute nicht schaffen. Vor 40 Jahren hatte man zu ihr gesagt: Du arbeiten, du putzen, du zusammenkehren, mehr brauchst du nicht können in

Österreich. Das ist ein Vertragsbruch, denn der unausgesprochene Vertrag lautete damals, du musst anständig hackeln, dann darfst du nach Österreich kommen. Inzwischen sagt man, du musst Schulaufgaben auf höchstem Niveau lösen, damit du Österreicherin werden kannst. Ein Staat hat zwar das Recht zu definieren, wen er als neuen Bürger haben möchte, jedoch wäre es ein Akt der Fairness, dies bereits am Anfang zu erklären, nicht erst bei der Daueraufenthaltsgenehmigung mit den Bedingungen herauszurücken. Man kann sich des Eindrucks nicht erwehren, dass der Staat ein Interesse daran hat, die Leute an einem Dauer-Gängelband zappeln zu lassen.

Ohnedies müssen sich diese Leute in ihren Botschaften demütigend behandeln lassen, denn man braucht nicht zu glauben, dass jene geachtet werden, die dereinst ihr Land verlassen haben. Einerseits erfreut die Staaten, dass von den „Gastarbeitern" Geld nach Hause überwiesen wird, andererseits schassen sie die Leute ab: Ihr seid Verräter, ihr habt eurer Heimat den Rücken zugekehrt.

Ich arbeite von 11 bis 24 Uhr. Jeden Tag. Ist nicht lang. Kleines Lokal, ganz allein. Es ist eine Verein für Kultur und Sport. Ich mache auch wie im Club International Vernissagen, manchmal auch Lesungen, ich kenne die Leute alle. Früher waren hier viel Jugo-Leute, ich habe es 2010 übernommen und großen Wechsel vom Publikum gemacht, und jetzt habe ich 99 Prozent Gäste vom Club International. Aber ich habe auch Gäste, welche Freunde sind, ich bin von Mazedonien, Ex-Jugoslawien. Und das läuft gut. Für eine Person, das ist genug. Kann man ausrechnen, was bleibt.

Club International ist eine große Organisation. Dort habe ich gearbeitet von 1992 bis 2009. 17 Jahre. Ich habe bissl Probleme mit Gesundheit gehabt, und ich habe mit Wolfgang Veit geredet, ich suche einen anderen Arbeitsplatz oder ein Lokal. Und ich habe gefunden. Ich fühle mich, als wäre ich hier geboren, ist super, und ich kenne viele Leute, viele Bekannte. Und so läuft.

Essen haben ich noch nicht, aber ich suche etwas für den Winter, weil hier ist Brunnenmarkt und viele Leute wollen warme Suppe oder so. Ich habe schon paar Mal zu Hause gekocht, hierher gebracht und warm gemacht. Das war super. Für Winter kleines Essen, Ham and Eggs, ein Toast oder so. Schinken-Käse-Frühstück, weil die Leute nicht großes Essen wollen, man kann Kaffee trinken oder so und dann wieder gehen. Ich habe in Zeitung gelesen, dass Brunnenmarkt eine Zentrum in Wien ist. Letzte fünf Jahre viel investiert und schöner gemacht, ist fantastisch jetzt, wirklich. Ich war auch bei anderem Markt, Kettenbrückengasse, Naschmarkt, und Johnstraße, Meislmarkt, aber Brunnenmarkt ist einer der bekanntesten in Wien. Früher habe ich in Wattgasse gewohnt, im 17. Bezirk, und jetzt wohne ich im 18. Bezirk, Schulgasse, und ich habe viele Leute gesprochen, die vom 18. und 19. Bezirk hier zum Markt kommen. Dort gibt es Kutschkermarkt, ist nicht klein, aber die Leute kommen hierher. Viele Künstler und Studenten, die mich kennen. Thomas, der hat Käsestand, kommt und macht Musik, jede zweite Samstag Probe. Ich liebe auch bissl singen. Er hat einen Mitsinger, der kommt aus Ex-Jugoslawien, der spielt in Gruppe „Brot und Salz". Ist schon seit 30 Jahren bekannt und ein guter Gitarrist, ist auch in Europa bekannt. Und ich kenne viele Lieder, und wir machen bissl Spaß. Ist schön, wirklich.

Lokal habe ich drei, vier Monate gesucht. Habe gefunden Arbeitsplatz im 19., habe gesagt, ist nichts für mich, weil ich von erstem Tag am Yppenplatz

gewesen, und Gott sei Dank ich habe Glück gehabt mit diesem Lokal. War früher Lokal mit Live-Musik, bis zwei Uhr Früh, wenn Leute schlafen, hat Probleme gemacht. Ich habe auch Problem gehabt, wollte Garten nehmen, aber dann ist Frau von Magistrat gekommen. Ich habe gesagt: Entschuldigung, darf ich etwas sagen? Dieses Lokal ist nicht mehr, was es früher war. Jetzt ist Verein. Ich haben keine Spielautomaten und 50 oder 60 Prozent neues Publikum. War eine Bekannte von Club International, er arbeitet in Magistrat und sagt: Ich kenne Jovica schon lang, Jovica macht ganz anderes Lokal wie früher. Eine Woche später habe ich Erlaubnis bekommen, vier Tische.

Ich habe Lokal seit 2010, habe keine Probleme mit Leuten. Arbeite bis zwölf Uhr, Sonntag habe ich frei und Feiertage, ich brauche auch irgendwann Ruhetag für mich. Mit Familie und so.

Stammgäste habe ich schon. Ich bin zufrieden, das geht gut.

ENKA

1 pal. Süt diyarı
3 Gazi 1 ltg
3 Yeşilova 3×4
1 er Sebahat Reçel vişne   Çilek
6 Kırmızı mercimek
5 ×2kg Sarma
5 ×1/1 Komos Kırmızı merc.
1 palet Polenta
2 × 5kg Lokum

10,35

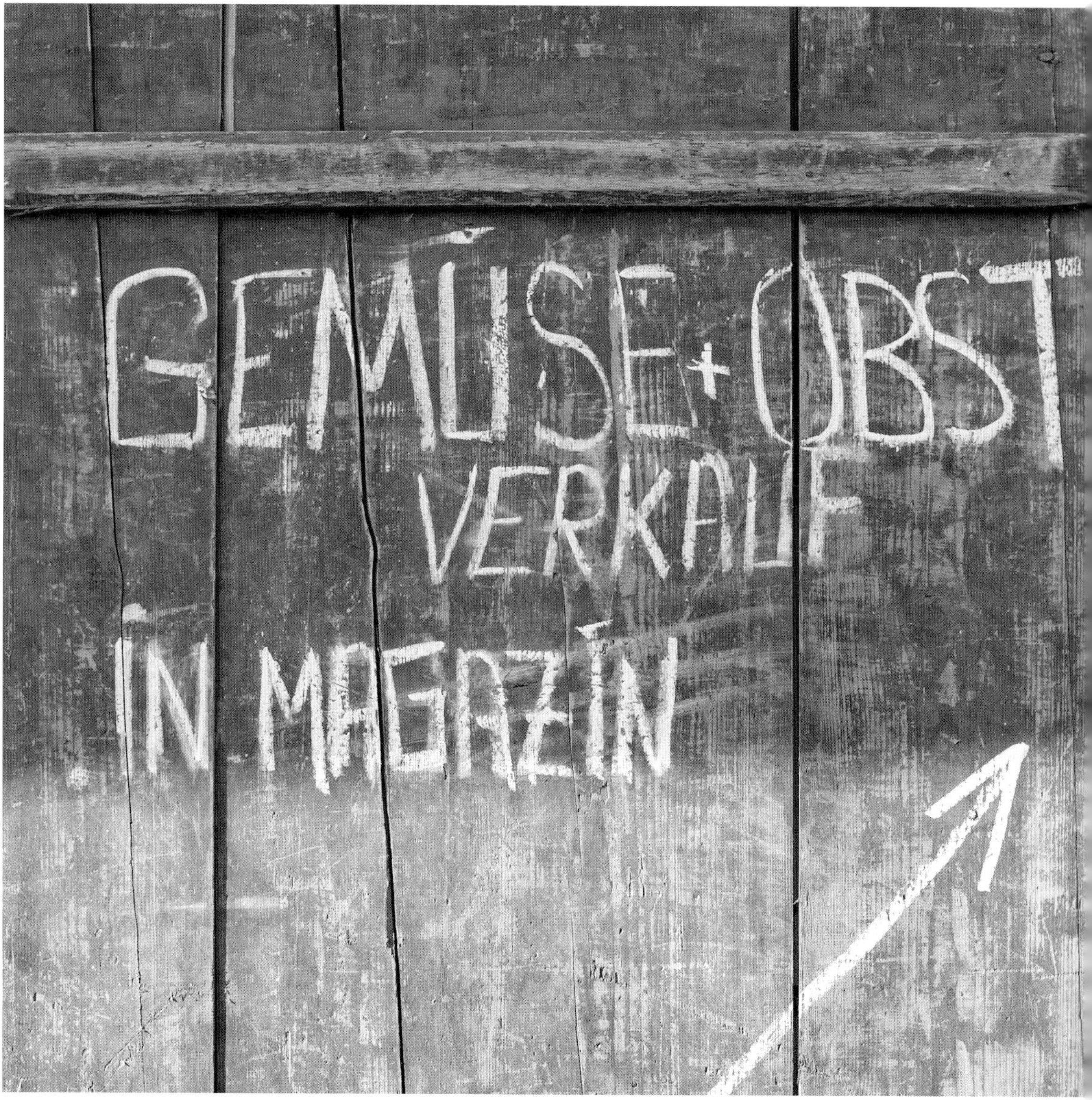
GEMÜSE+OBST
VERKAUF
IN MAGAZIN

HÖCHSTLAST 700 kg
JEDER SKALENTEIL 20 dag
VAN BERKEL A. G. WIEN

510   500   490

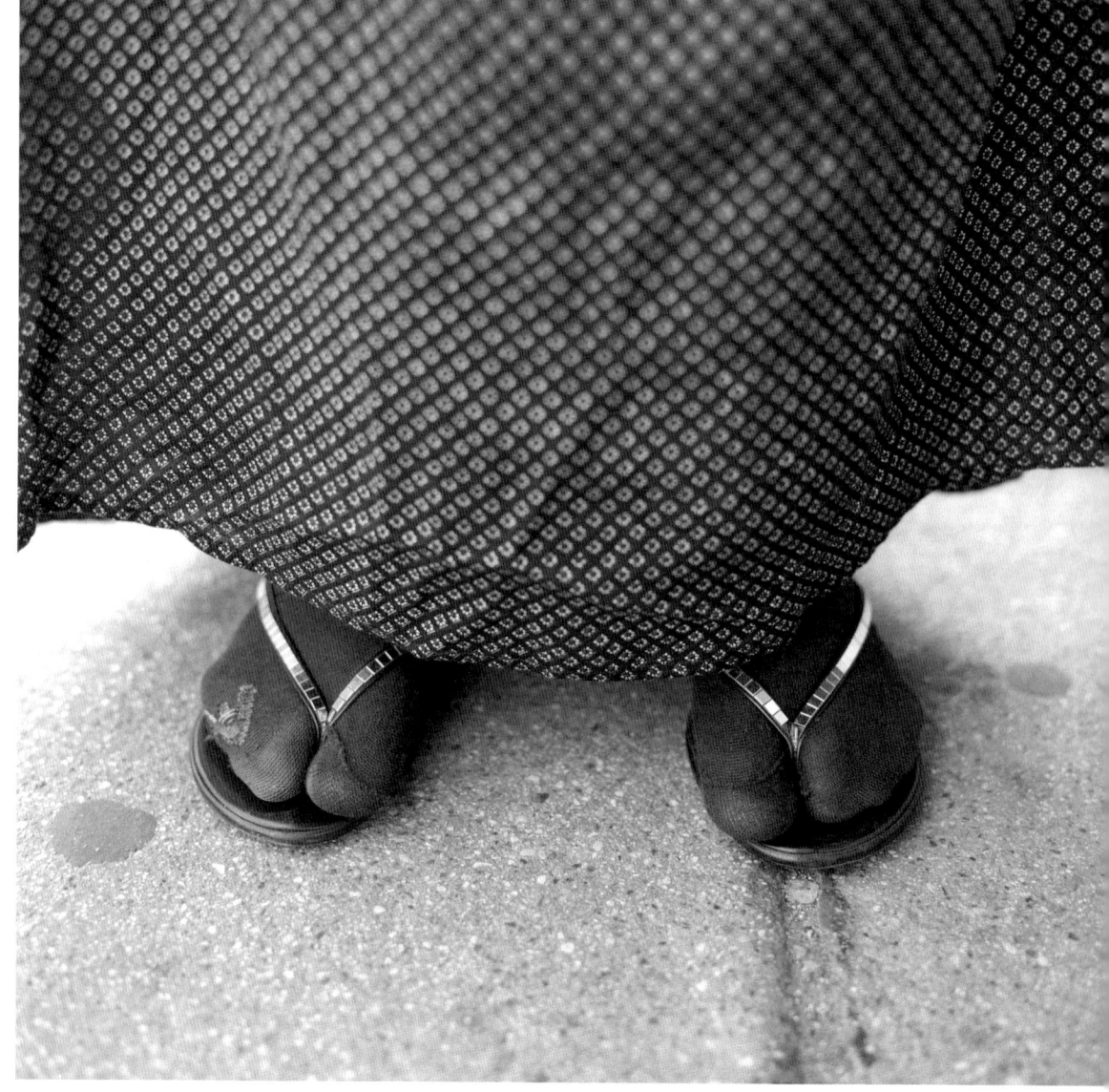

Gehört uns Geschäft
Stand ist jemand anderes
arbeiten zusammen
seit 2006
unsere Bekannte Geschäft
begonnen zu arbeiten
viel verschiedene Waren
Textilsachen Badesachen
Haushaltartikel was brauchen
Elektrowaren auch alles
kommen kaufen schauen
war viele Leute im Markt
alles abhängig von Geld
Markt schön geändert
sauber bequem ist
geschlossene Stände andere
für Wind sehr kalt
machen Änderung
Nylon von der Seiten
Gehsteig breit geworden
ohne Stiege nimmer ist
muss ich aufhören
Mann winkt

Man sitzt gemütlich auf den mit Teppichen belegten Bänken, trinkt Tee oder sonst etwas Antialkoholisches. Sechs Angestellte sind beschäftigt. Es sind nur Männer, die zu diesem Friseur gehen. Frauen werden hier nicht bedient.

Wie lange gibt es Ihr Geschäft schon?

Bald fünf Jahre. Ich habe früher in Thaliastraße gearbeitet.

Es gibt sehr viele Friseure.

Brunnenmarkt gibt es viele.

Gehen türkische Männer besonders oft zum Friseur?

Jede zweite, dritte Woche Haare schneiden und manchmal jede Woche nur rasieren.

Sie haben also viele Kunden?

Ja, Gott sei Dank. Ich bin zufrieden. Brunnenmarkt 13, 14 Friseurgeschäfte. In 20. oder 22. Bezirk gibt es keine türkischen Friseure, meine Kunden sind alle von hier. Wohnen in Umgebung.

Was ist modern? Mit meinen langen Haaren bin ich wahrscheinlich aus der Mode.

(Er lacht.) Boxerschnitt, so kurz.

Ändert sich das? Verwendet man heute wieder Gel?

Schon, jüngere Leute mit Kurzhaare, alte nicht.

Haben Sie Friseur gelernt?

Drei Jahre in Türkei, nach sechs Jahre ein eigenes Geschäft.

Fahren Sie in die Türkei?

Urlaub schon, aber sonst immer in Wien.

Ist Wien besser?

Ich glaube, früher noch besser. Alle Grenzen sind offen, viele Probleme wegen Auto stehlen.

Ist es heute schwieriger mit der österreichischen Staatsbürgerschaft?

Früher einfacher. Mein Cousin ist hier geboren, ein Jahr gewartet wegen Staatsbürgerschaft. Rathaus macht schwer, ich kann nicht gehen.

Wegen der Deutschkenntnisse?

Ja, deswegen, Deutsch.

Müssen Sie Deutschkurse besuchen?

Ich habe schon gemacht. Früher habe ich besser Deutsch geredet, Arbeitskollegen immer Türken. Ich habe keine Zeit für Deutschkurs. Verheiratet, ich habe zwei Söhne, wenn ledig, ja, aber muss arbeiten, Kinder spielen.

Wie alt sind Ihre Kinder?

Eines ist vier, eines ist drei. Kinder sind hier geboren, beide Bub.

Wenn sich ein türkisches Kind einen Beruf aussucht, was sind Traumberufe?

Ich sage immer, Junge spricht perfekt Deutsch, aber ist arbeitslos. Warum machst du Elektriker oder Friseur oder Werkstatt, Auto reparieren oder so. Diese drei Berufe sind gut. Aber diese Leute wollen nicht.

Ich bin vor 23 Jahren als Student der Politikwissenschaft nach Wien gekommen, am Brunnenmarkt gab es nur das Restaurant Kent, damals noch nicht so groß wie heute, dort war ich oft. Nach dem Studium wollte ich zurück in die Türkei, aber ich lernte eine Frau kennen und habe geheiratet. Daher habe ich hier mit einem Geschäft begonnen. Lebensmittel sind nicht meine Branche.

Seit ich vor elf Jahren dieses Geschäft übernommen habe, hat sich viel geändert. Der Markt ist durch die Renovierung sehr schön geworden und vor allem multikulturell. Geschäftlich geht es mir auch besser als früher. Ich befinde mich jedenfalls auf der positiven Seite.

In den nächsten zehn Jahren werden die Geschäfte gewiss nicht größer werden. Überall existiert eine Grenze, auch für Geschäfte. Damals, vor 20 Jahren gab es nicht so viele türkische Restaurants und Geschäfte. Alle haben klein begonnen, dann vergrößert, nicht nur das Kent, auch der Hür Paş hatte ein kleines Geschäft, jetzt ist eine Grenze oder eine Sättigung erreicht. Obwohl sich der Umsatz gesteigert hat, ist der Gewinn kleiner geworden. Aber diese Entwicklung findet nicht nur am Markt statt, sondern überall.

Das ist der einzige Nachteil vom Brunnenmarkt. Jeder verkauft was, alle wollen Geld verdienen, es gibt viel Konkurrenz – auch in meiner Branche. Vor zehn Jahren gab es vielleicht 20 Geschäfte, heute sind es ungefähr 60. Im Gegensatz zu den Geschäften hat sich die Bevölkerung in Wien nicht verdreifacht, es waren 1,7 Millionen Menschen und heute sind es noch immer so viele. Wir kämpfen. Ich persönlich kämpfe, um zu überleben. Früher habe ich neun Stunden arbeiten müssen, um die Ausgaben bezahlen zu können, heute sind es elf und mehr. Die Auflagen sind streng.

Da stellt man sich die Frage, wann hört man auf? Es ist nicht einfach aufzuhören. Dennoch bin ich zufrieden am Brunnenmarkt, besonders im Sommer, wenn die Sonne scheint, im Winter, wenn es kalt ist, gibt es nicht viel Geschäft. Ich reise viel, bin oft in Deutschland, in Holland und ein bisschen in Belgien, daher kann ich vergleichen. Etwas wie den Brunnenmarkt habe ich in Deutschland nie gesehen, vielleicht gibt es etwas Derartiges, aber bislang konnte ich nichts entdecken. Mir gefällt, wenn Menschen aller Nationen mit ihren Kindern zum Einkaufen und zum Spazieren kommen, auch von außerhalb. Sie kommen auf den Brunnenmarkt, um die Atmosphäre ihres Landes zu erleben, in ihren Heimatländern besuchen sie ihre Familie oder Bekannten, hier müssen sie oftmals erst neue Freundschaften schließen. Viele habe ich beobachtet, die einfach nur spazieren gehen, und mit einigen habe ich geredet. Nicht nur Türken, auch Afghanen oder Bosnier kommen zum Brunnenmarkt, um aufzuatmen. Unter der Woche sie sind im Stress, hier entspannen sie sich.

Meine Waren beziehe ich zu 50 Prozent aus der Türkei, der Rest stammt aus China, aber ich importiere nicht selbst aus China, sondern kaufe sie in Deutschland ein. Sonst produzieren wenige Länder diese Waren, ein wenig Frankreich. Wenn man wenig Geld verdient, verliert man die Lust, Witze zu machen, man verlernt zu lachen. Früher habe ich viel gelacht und viel geredet, doch früher hatte ich viel Zeit, jetzt habe ich keine Lust zum Reden.

Die Kunden kennen das Gesetz, daher wissen sie, dass ich Waren umtauschen muss. Große Konzerne tauschen sofort um. Mitunter berufen sich Kunden auf den Konsumentenschutz, selbst wenn sie im Unrecht sind. Ärger gibt es genug. Da ich nicht wie ein Türke aussehe, kommen Leute aus Polen und dem ehemaligen Jugoslawien in mein Geschäft, fangen an Serbisch oder Russisch zu reden. Ich höre zu, sage dann: Leider habe ich Sie nicht verstanden. Bitte reden Sie mit mir Deutsch oder Türkisch.

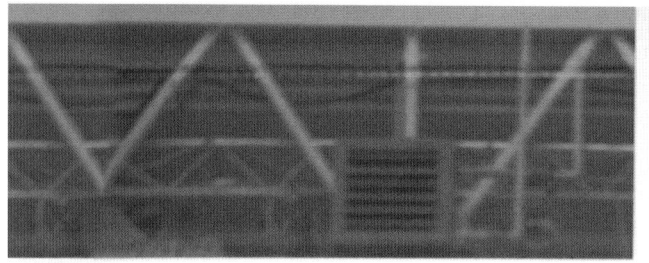

umreživanje   exchange of   Etkileşim   Querde___nen
Berüh___spunkt.   otvore___tor   p___f contact ___ilik
Özg___   svojeglavac   ___my art ___ammen
co-c___   Kommunikat___m ___ te___
Ged___   ___sch
inte___   ___rsive
Biran___ ___g
comm___

Ich bin erst vier Jahre am Brunnenmarkt und es hat sich schon wahnsinnig viel getan. Zwar kommen nicht alle, die hier arbeiten, aus der Gegend, aber wir sind hierhergezogen. Wenn man morgens früh hier sein muss und bis spät in die Nacht bleibt, verliert man viel Zeit, bei der Fahrt durch die Stadt. Ein weiterer Aspekt ist, dass man die Menschen ganz anders kennenlernt und sich private Bezüge aufbaut, die sich wunderbar mit beruflichen Kontakten mischen, indem man Vertrauen zu den Leuten gewinnt. Das Ziel unserer Arbeit ist, Zugang zur Kunst zu ermöglichen, „Kunst für alle" steht vorne auf der Fassade.

Entstanden ist die Brunnenpassage dadurch, dass der jetzige Generalsekretär der Caritas, Dr. Werner Binnenstein-Bachstein, gleich ums Eck wohnt. Nachdem er diese damals leer stehende Halle gesehen hatte, entstand die Idee, dass hier ein idealer Ort wäre für ein Projekt, um die Menschen zusammenzubringen. Das Nebeneinander funktioniert zwar sehr gut, jedoch ist ein Miteinander förderungs- und unterstützenswert. Eröffnet wurde die Brunnenpassage im Juni 2007.

Am Anfang war Anne Wiederhold, die einen künstlerischen Background hat, als Leiterin ganz allein, ein kleines Team sollte im ersten Jahr ein Konzept erarbeiten, denn anfangs gab es nur eine grobe Skizze. Die Vorstellung war, dass Kunst dabei irgendwie integriert werden sollte, wobei die Theorie fast von der Praxis überholt wurde. Sobald die Kühltheken verschwunden waren und die Halle weiß ausgemalt war, haben die Leute angeklopft, ob sie hier Hochzeiten abhalten könnten? Wir gerieten in Zugzwang und mussten definieren, was hier geschehen soll. Heute wird kaum noch wegen Hochzeiten gefragt, weil alle sehen, dass hier fast täglich Kultur-Veranstaltungen stattfinden. Mit Hochzeiten wäre das eine schwierige Sache, man kann nicht dem einen zusagen und dem anderen absagen. In den Anfangsjahren hat die Caritas viel investiert, mittlerweile hat sie die Halle gekauft, was dem ehemaligen Inhaber und Bauherrn nur recht war, der hier einen Supermarkt eröffnen wollte, wozu es aus verschiedenen Gründen nicht gekommen ist.

Eine der ersten Veranstaltungen war „Tanz die Toleranz" anlässlich der Eröffnung der Wiener Festwochen 2007. Hier fanden die ersten Proben statt, doch gab es noch keine Büroöffnungszeiten, allerdings wussten die Leute, Mittwochabend trifft man zwei Stunden lang jemanden an. Einmal im Monat gibt es ein offenes Frühstück, Picknick, für die Veranstaltung „Think Tank" haben wir

Leute eingeladen, um zu diskutieren, in welche Richtung sich dieses Projekt entwickeln könnte.

Dann ging es los mit der ersten Veranstaltung „Saturdance", einem offenen Tanztraining. Wir nutzten die Transparenz dieses Raumes, öffneten Fenster und Türen, jeden Samstag eine neue Tanzrichtung, wer mitmacht, macht mit, wer zu spät kommt, kann trotzdem mitmachen, ohne Vorkenntnisse, ohne Anmeldung, ohne Eintritt zu bezahlen, ohne Barrieren. Nach demselben Schema ist ein Chor entstanden, man muss keine Noten kennen, man muss nicht Deutsch können, einfach kommen und mitmachen. Mittlerweile haben sich die Projekte weiterentwickelt, und der Chor ist zu einer Größe von 80 Menschen angewachsen, die sich jede Woche treffen, von etwa 140 Aktiven kommen immer zirka 80, nicht immer dieselben, natürlich gibt es einen harten Kern. Irgendwann haben wir entschieden, dass nicht jede Woche neue Leute hinzustoßen können, und eine Projektstruktur entwickelt. Regelmäßig finden Auftritte des Chors statt.

Abgesehen vom Chor und dem Tanzschwerpunkt laufen unterschiedliche Musikprojekte. Begonnen hat es mit der „Klangpassage": Auf dem Boden der ganzen Halle lagen Musikinstrumente, etliche Mikrophone standen herum. Die Idee war, jeder kann reinkommen, auf einem Klavier rumklopfen oder auf einer Trompete blasen. Die Aufnahmen wurden gesampelt, das heißt digital weiterbearbeitet, zurückgespielt und neu gemischt. Von Anfang an bestand ein Interesse von Musikern, für die sich ein Experimentierfeld eröffnete. Mit einem dreijährigen Kind auf dem Xylophon zu spielen, kann eine Herausforderung sein. Esra, die kleine Tochter eines Kaufmanns, macht nicht nur Lärm, sondern hat irgendwie ihre Töne gefunden. Das wurde aufgenommen, Musiker kamen hinzu: Sie betrachteten Esras Töne als Stimme und improvisierten am Akkordeon und am Synthesizer. Daraus wurde eine spannende Begegnung zwischen Menschen. Die meisten kommen hier das erste Mal mit Instrumenten in Kontakt, vor allem Leute, die nicht jede Woche irgendeinen Kulturtempel der Stadt besuchen. Anfangs wurden die Veranstaltungen von Kindern gestürmt, was sich allmählich beruhigt hat. Oft dauern die Sessions mehrere Stunden.

Ein weiterer Schwerpunkt ist das Erzählen. Wir hatten eine offene Erzähl-Session, einen Storyteller-Workshop, zuerst in einem sehr kleinen Kreis, um Begeisterung für Sprache zu erwecken und den Leuten die Hemmungen zu nehmen, vor Zuhörern von sich zu reden. Irgendwann haben wir gemerkt, da fehlt noch was und daraus sind die Geschichtenspaziergänge entstanden, es gibt Geschichten von Menschen mit einem spannenden Hintergrund, die noch nicht erzählt wurden. Wir haben überlegt, vielleicht ist es für die Leute toll, sich in einem Buch gedruckt zu sehen, das wertet ihre Geschichten auf. War es zuerst ein Projekt, das aus der Mündlichkeit entstanden ist, tritt der Sprecher bei einem Buch aus der Anonymität und verwandelt sich in einen Autor. In dem Buch „Zeit.Geschichten – Geschichtenspaziergänge am Brunnenmarkt" sind die Geschichten möglichst nahe am gesprochenen Wort belassen worden, indem wir versucht haben, die jeweilige Grammatik und den Dialekt der Sprecher beizubehalten. Alle Geschichten sind mit einem Erlebnis oder einem Ereignis – und vor allem mit einer Jahreszahl verbunden.

Erst seit einem Jahr sprechen wir Jugendliche an und gehen auch an Schulen. Kinder kamen schon immer, für sie bestand keine Hemmschwelle. Die „Djn-Klasse", in der junge Frauen zwischen 16 und 30 das DJ-Handwerk erlernt haben, war ein großer Erfolg und hat nun eine internationale Auszeichnung erhalten. Des Weiteren entstanden „Dance Class Youth" und das Projekt „Klangfabrik Mundraum", bei dem die Instrumente beiseite gelassen wurden, alle Töne werden mit dem Mund erzeugt. Daraus hat sich das Projekt „Voice Crew" entwickelt. Die Aktiven wurden bereits zu Auftritten eingeladen.

Obwohl wir unsere Werbung lokal ausrichten, kommen auch Menschen unterschiedlichen Alters aus anderen Bezirken, viele mit Migrationshintergrund. Es erstaunt uns immer wieder, wen unsere Botschaft erreicht. Wir sind elf Mitarbeiter, mehrere davon Teilzeitstellen, vier in Vollzeit.

Viele von uns haben einen künstlerischen Background: Schauspieler, Balletttänzer, Bühnenbildner, die hier anderen eine Bühne bereiten. Menschen zu finden, die gut mit dem offenen Charakter des Hauses umgehen können, ist eine Herausforderung, denn die Schiebetür ist bei den meisten Veranstaltungen offen.

Finanziert werden wir von der Stadt sowie vom Bund, zu einem kleinen Teil auch vom Bezirk. Zudem erhalten wir eine Unterstützung durch die EU. Die Caritas leistete die erste Zeit eine große Starthilfe.

Wie kommt ein Schweizer auf den Brunnenmarkt? In meinem Fall durch das Studium. Ich wollte Industriedesign studieren. Auf der „Angewandten", der Wiener Universität für Angewandte Kunst, ergab sich eine günstige Möglichkeit. Dort haben sie mich gleich aufgenommen. Dann bin ich dageblieben. Eigentlich komme ich aus dem Blumengewerbe, bin gelernter Florist mit Meisterprüfung und habe in der Schweiz ein Blumengeschäft besessen. Da ich keine Ahnung hatte, dass die Sache mit der Aufnahmsprüfung derart schnell ablaufen würde, musste ich Hals über Kopf mein Geschäft verkaufen und die Schweiz verlassen.

Ich bin nicht gleich im ersten Jahr am Brunnenmarkt gelandet, aber zwei Jahre später war ich da. Eine alte Frau ist rausgestorben, und der Makler hat die Wohnung günstigst angeboten, 1400 Schilling Miete inklusive Mehrwertsteuer, ohne Heizung, Klo am Gang. Vieles war damals noch anders. Das Kent hat gerade erst aufgesperrt, nachdem der frühere Wirt zugesperrt hatte. Die Erste Bank war noch vorhanden, unter mir gab es den Supermarkt Spar, an jedem zweiten Standl des Marktes ist man von einem Österreicher bedient worden. Das hat sich verändert. Insofern habe ich Ottakring kennengelernt, jedenfalls das

Grätzel hier. Einzelne Leute haben mich zwar am Dialekt erkannt, obwohl ich mir am Anfang ziemlich schwergetan habe, ihren zu verstehen. Die Leute haben richtig den Dialekt gesprochen von der Gegend.

Alle Zugrasten sind Dörfler, ob sie aus Anatolien kommen oder sonst woher, aus der Schweiz, dem Appenzell, einem Dorf. Ich glaube, Dörfler mögen einander. Für mich ist die Topografie immer wichtig, nicht weil ich ein Bergler bin, vielmehr bin ich gern weggegangen von der Natur, ich brauche das nicht wirklich, aber das Gelände hier ist erhöht, zumindest empfinde ich das so. Ganz gewiss ist, dass ich eine Phobie vor Wasser habe, wahrscheinlich bin ich im vorigen Leben überschwemmt worden, doch hier ist man irgendwie oben, es ist eine Art Buckel vorhanden, als wäre dies hier der höchste Punkt, jedenfalls nach meinem Gefühl. Alles, was wirklich oben ist, das ist etwas anderes, der Wilhelminenberg ist für mich Ausland und es passiert sehr selten, dass ich hinaufgehe, mein Revier reicht bis zur Hubergasse, nicht viel weiter, eher gehe ich in den 17. Bezirk hinüber, bis zum Kalvarienberg, das passt noch hinein, weiter komme ich nicht.

Im Herbst 2011 wurden es zwei Jahre, dass ich mein Lokal eröffnet hatte. Die noble Gastronomie hat vieles verändert, ist alles viel zu nobel nach meiner Ansicht, eine Pseudo-Gentrifizierung, ich mag das Wort überhaupt nicht. Möglich, dass da gentrifiziert wurde, wie sie es alle gerne mögen. Was man von der Künstlerseite hört, das sind die Treiber, inhaltlich eher eine schwache Nummer, wie ich finde, wenn man Soho kennt in New York oder in London. Die Künstler fordern, wir wollen auch ein Soho, und das ist das schlimmste, was passieren kann. Genau das war der Fall: Die Mieten waren günstig, Künstler sind hergezogen, und schon gingen die Mieten in die Höhe, alles nur eine spekulative Angelegenheit. Das Soho-Muster ist für mich ein verwerfliches System, das hat überhaupt nichts mit Kunst zu tun. Ich bin für Vielfalt, für Nachhaltigkeit und gute Qualität, das macht Sinn, auch wenn sich damit kein Reichtum anhäufen lässt. Immer dieses Wegtreiben – das finde ich schade, ich möchte niemanden vertreiben, sollen alle ruhig hierbleiben.

Vor mir befand sich hier eine Wäscherei, als die zwei älteren Damen aufhören wollten, hat ein Türke das Geschäftslokal günstig übernommen, er war Taxler und dürfte bei der Unterzeichnung des Mietvertrags vielleicht vergessen haben zu erwähnen, dass er eine Gastronomie zu eröffnen beabsichtigt. Da hat halt die Hausverwaltung gefunden, eine ganz günstige Miete wird es nicht mehr sein. Seine Familie hat am Umbau mitgearbeitet, er hat viel Geld hineingesteckt, seine ganze Reserve. Nach einem Jahr hat er Konkurs gemacht und zusperren müssen, weil ihm die Kosten über den Kopf gewachsen sind, denn mit dem Konzept Tee trinken, bissl Karten spielen lässt sich so etwas nicht erhalten. Danach stand das Lokal ein paar Monate leer. Es hat zwar einen Interessenten gegeben, der wollte unten eine große Veranstaltungssache, einen Partykeller für 150 Leute. Ist aber nicht möglich gewesen. Ich habe umbauen dürfen wie ich wollte, durfte Fenster einbauen. Davor gab es nur eine einfache Verglasung, was höchst gefährlich ist, wenn da eine Glasscheibe zu Bruch geht und Scherben fliegen, gibt es Verletzte. Es war ein schönes Geben und Nehmen zwischen der Immobiliengesellschaft, ich bin moderat bedient worden.

Die zwei Damen von der früheren Wäscherei waren bei mir Kaffee trinken, sie waren reizend. Ich bin mit ihnen in den Keller hinuntergegangen, früher waren sie nie unten. Ah, so schaut der Keller aus. Der war voll geräumt mit Klumpert. Ich vermute, es war einst eine riesige jüdische Bäckerei, Überreste von den beiden Öfen sind noch vorhanden, sie waren etwa fünf Meter im Querschnitt. Unten dürften sie gebacken haben und oben war der Verkauf, dahinter eine Synagoge. Ich habe versucht, Dokumente zu finden, nicht einmal meinen Freunden, die Historiker sind, ist es gelungen, irgendetwas herauszufinden. Niemand hat Bildmaterial oder Informationen darüber, ich war auch am Grundbuchamt, kein einziges Foto gibt es, nichts. Von allen anderen Objekten existieren sehr wohl Unterlagen, bloß hier ist nichts mehr vorhanden. Es ist verdächtig, denn die großen Fenster gab es garantiert schon früher, in den 60er- und 70er-Jahren hätte man dafür keine Baubewilligung mehr erhalten. Mir war es wichtig, dass es hell ist. Licht.

Das Projekt Caritas-Marktplatz, so heißen wir offiziell, hat im Mai 2010 den Betrieb aufgenommen. Wir gehören zum Teilbereich „Arbeit und Chance" der Caritas Wien, sprich: Wir sind ein Beschäftigungsprojekt. Unsere Zielgruppe umfasst Mindestsicherungsempfänger, Personen, die über keine Arbeitserfahrung verfügen, lange aus dem Arbeitsprozess draußen sind oder hin und her pendeln zwischen Arbeit und Arbeitslosigkeit, darunter auch Leute, die immer wieder rausfliegen und denen wir helfen, den Einstieg in ein geregeltes Arbeitsleben zu schaffen. Wir haben viele jüngere Leute, Schulabbrecher, die noch nie in einen Arbeitsprozess integriert waren. Die Vorgabe lautet, die Leute dürfen maximal ein halbes Jahr bei uns bleiben. Bei uns gibt es Arbeit sowie eine Begleitung durch einen sogenannten Coach. Diese Kollegen kümmern sich um das inhaltliche Vorankommen, mit dem Ziel, dass die Leute im Idealfall einen Job in der Tasche haben oder diesem Ziel zumindest ein Stück nähergekommen sind.

Da wir uns auf Marktgebiet befinden, müssen wir 50 Prozent dem Lebensmittelhandel widmen, das wird von der Marktordnung vorgegeben. Unser Verkaufsstand, das Geschäft hier ist unser zweites Standbein und bietet uns eine

gute Gelegenheit, verschiedene Caritas-Einrichtungen aus Wien und Niederösterreich zusammenzufassen, um die von Behindertenwerkstätten produzierten Waren, wie zum Beispiel Marmelade, eingelegte Zwiebeln, Liköre, Fruchtsäfte und vieles mehr, einer interessierten Käuferschicht anzubieten. Zudem verlangen unsere Fördergeber, dass wir einen zusätzlichen Gewinn erwirtschaften, damit wir finanziell auf einer soliden Basis stehen, weshalb wir unsere Produktpalette ergänzen.

Andererseits bieten wir Dienstleistungen an, wenn jemand Hilfe braucht, kann man sich an uns wenden: etwas Schweres in den Keller tragen, eine Vorhangstange montieren, eine kleinere Reparatur in der Wohnung durchführen, einen Transport erledigen – also kleine Serviceleistungen, in erster Linie gedacht fürs Grätzel hier, doch kontrollieren wir nicht den Meldezettel. Wenn jemand zum Beispiel Hilfe im Garten braucht, schicken wir unsere Teilnehmer alleine los, zwei Burschen, die sich damit auskennen. Ist der Aufwand komplizierter, muss etwas montiert werden, begleitet einer unserer drei Arbeitsanleiterinnen den Einsatz, sieht sich das Problem von der fachlichen Seite an und überwacht die ordnungsgemäße Durchführung.

Das heißt, wir harren der Aufträge von außen, damit wir unsere Leute beschäftigen können. Sollten keine oder zu wenige Aufträge einlangen, hat sich im Laufe der Zeit unser drittes Standbein entwickelt: Wir produzieren in Eigenregie aus Recyclingmaterialien dekorative Gebrauchsgegenstände, seien es Vasen aus Glühbirnen, Kerzenhalter aus Blechdosen oder Blumentöpfe aus irgendwelchen Büchsen. Diese Gegenstände verkaufen wir. Allerdings steht die Dienstleistung im Vordergrund. Eine Stammkundin von uns ist eine alte Dame. Sie hat Angst, auf eine Leiter zu steigen, daher ergibt sich für sie ein Problem, eine Glühbirne ihres Lusters zu wechseln. In solchen Fällen wird keine große Rechnung erstellt, ein Trinkgeld für den von uns geschickten Helfer reicht völlig.

Maßgeblich beteiligt sowohl an der Entstehung des Projekts Caritas-Marktplatz als auch am Aufbau der Brunnenpassage war unser Geschäftsführer Dr. Werner Binnenstein-Bachstein, der hier wohnt und die Gegend liebt. Ihm war es wichtig, dass wir einen praktischen Zugang erlangen, indem wir eine Art Nachbarschaftshilfe mit einem stark am Gemeinwesen orientierten Ansatz aufbauen.

Wir konzentrieren uns daher auch schwerpunktmäßig auf Personen mit

Migrationshintergrund, der Brunnenmarkt bietet sich dafür an, da hier ohnedies alles bunt gemischt ist. Ursprüng-
lich hatten wir erwartet, es würden vor
allem Leute aus Ex-Jugoslawien und der
Türkei kommen, jedoch das war ein Irr-
tum, die Mischung ist tatsächlich bunt,
gekommen sind Leute aus verschiedenen westafrikanischen Ländern genauso wie aus Asien.

Andere Vereine und Beratungsstel-
len, die sich mit anerkannten Flücht-
lingen auseinandersetzen, sowie Sozi-
alämter schicken uns Leute. Finanziert
werden wir von der Stadt Wien, der
MA 40, vom Europäischen Sozialfonds,
dem Arbeitsmarkt Service AMS und
vom Wiener ArbeitnehmerInnen För-
derungsfonds WAFF – das sind die
vier Fördergeber, die uns Geld zukom-
men lassen. Zusätzlich müssen wir
auch selbst etwas erwirtschaften. Wir
haben uns auf Leute konzentriert, die
aus verschiedenen Ländern kommen,
und haben auch darauf geachtet, dass
unser Team dementsprechend zusam-
mengesetzt ist, einer stammt aus Bosnien, einer aus der Türkei, einer aus
dem Kosovo. Die sprachliche Durchmi-
schung ist uns sehr wichtig, der multikulturelle Zugang. Wir hoffen, auf diese
Weise besser an die Leute andocken zu
können.

NEMCELI

Übersetzung - Reisebüro - Beratung

Ich bin Regelungstechniker, habe in den 70er-Jahren in Deutschland studiert und lebe seit 1992 in Wien. Abstammung Kurde, politisch verfolgt, aber kein Asylant. Das wäre den Türken angenehm gewesen, wenn ich Asyl beantragt hätte.

Mein erstes Büro habe ich im 10. Bezirk auf der Favoritenstraße gehabt. Dann bin ich in die Sechshauser Straße umgesiedelt, 2002 bin ich auf den Südtiroler Platz gezogen, dort habe ich noch einen Sitz und hier mein zweites Büro, das wir von einem Türken übernommen haben. Beide Standorte werden von meinem Cousin betrieben, der ist Chemiker, hat in der Türkei studiert, hier promoviert, aber bislang ist er nicht dazugekommen, sein Chemie-Studium auszuüben. Seit 1975 bin ich beeideter Dolmetscher, sowohl in Deutschland als auch in Österreich.

Wir haben Übersetzungen gemacht und Studenten geholfen, aber diese Tätigkeit bringt uns kein Geld mehr. Deshalb verkaufen wir Tickets von allen Reiseveranstaltern, auch für Linienflüge. Als genehmigtes Reisebüro sind wir ein Verkaufsstand aller Fluglinien. Die AUA ist auch eine Gesellschaft mit Linienflügen. Jedoch die AUA bezahlt keine Provisionen mehr, 2007 oder 2006 haben wir das letzte Mal Provision erhalten, sie haben Versprechungen gemacht, danach aber nichts bezahlt. Sie haben uns, auf Deutsch gesagt, betrogen.

Zum Übersetzen kommt man zu uns, wir schalten keine Inserate in Zeitungen. Ich bin der Auffassung, die beste Inserierung funktioniert durch Mundpropaganda, indem man eine gute Leistung erbringt. Dadurch haben wir unsere Kundenkette erweitert. Aber davon kann man leider nicht leben. Wir übersetzen Reisedokumente, Ausweise, Beschlüsse von Gerichten, Scheidungsurkunden, alles, was anfällt.

Der Brunnenmarkt war einst ein guter Standplatz, aber genauso wie in Deutschland etabliert sich inzwischen die zweite und dritte Generation, die braucht mich nicht mehr, die beherrscht die deutsche Sprache, und Übersetzungsdokumente für Scheidungen, Einreichungen für die Staatsbürgerschaft werden auch seltener.

Hasan Kemal interpretiert diffizile sprachliche Unterschiede: Im Deutschen sagt man: Zwischen zwei Stühlen sitzt man am Boden; im Türkischen heißt es: Man ist gottlos zwischen zwei Moscheen.

Prachtvolle Brautkleider, als wäre man in die Garderobe eines Hollywoodfilms geraten, erfüllen die Verkaufsräume. Eigentlich schade, nicht nochmals heiraten zu können, makellos ausgestattet. Prinzessinnen und Prinzen sollten jeden Moment zur Anprobe erscheinen.

Ende Mai 2011, an einem Freitag, haben wir unser Geschäft hier am Brunnenmarkt eröffnet. Wir bieten Brautkleider an, Damenmode und Abendkleider. Aber auch die Herren statten wir aus, von der Unterwäsche bis zu den Socken, egal ob es ein Bräutigam ist oder ein eher sportlicher Typ. Von Schuhen und Taschen abgesehen, führen wir alles. Großen Wert legen wir auf die Qualität, sodass wir unsere Ware bei der größten Firma in der Türkei anfertigen lassen.

Mein Mann ist 2003 aus der Türkei gekommen, er kennt sich in dieser Branche wirklich gut aus, da seine Familie seit den 80er-Jahren ein Modegeschäft führt. Schon als ich noch jünger war, haben mir Kleider viel Spaß gemacht, ich identifiziere mich voll damit, ich mag das sehr gern. Geboren bin ich hier, früher habe ich in Niederösterreich gelebt, aber seit 2000 wohne ich in Wien, irgendwann werden wir wahrscheinlich nach Ottakring übersiedeln, um den täglichen

Anfahrtsweg zu verkürzen und das lästige Stehen im Stau zu vermeiden.

Früher hatte ein Bekannter von uns in diesem Lokal Reinigungsmittel verkauft. Als er es geschlossen hat, haben wir den Standort übernommen. Das Geschäft ist geräumig, was mir sofort sehr gefallen hat. Ich habe viele Modelle hier und es ist auf jeden Fall noch Platz für weitere. Diese Filiale ist unser zweites Geschäft in Wien.

Es gibt zwar hier in der Gegend viele Geschäfte für Hochzeitskleider, doch unser Geschäft ist das größte türkische in Wien. Unsere Kunden kommen von überall, von St. Pölten oder sonst woher aus Niederösterreich und dem Burgenland. Letztens war jemand aus Graz hier. Es kommen wirklich sehr viele.

Zum Einkaufen und Auswählen fahren wir auch auf Messen. Mein Mann und ich, wir haben jedes einzelne Stück selbst ausgesucht. Jede Woche bekommen wir neue Ware. Manche Größen haben wir im Moment nicht mehr lagernd, da wir viel verkauft haben. Die Nachbestellung ist aber kein Problem. Hoffentlich läuft es so weiter.

Ein Kleid passt von Größe 38 bis 44 durch das Schnüren. Wenn es jemand größer braucht oder kleiner, kann das angefertigt werden, in zehn Tagen ist das Kleid mit dem Flugzeug da. Die Preise sind bei uns normal, wir halten sie nicht so hoch wie andere, die billige Hochzeitskleider zu hohen Preisen verkaufen. Unser teuerstes Kleid kostet 1390 Euro, die billigsten bewegen sich von 600 bis 700 Euro. Alles wird händisch genäht. Immer wieder bieten wir unseren Kunden auch preisgünstige Aktionen an. Eine türkische Hochzeit beansprucht zwar die Geldtasche mehr oder weniger, aber immerhin ist das ein einmaliges Ereignis.

Traditionell wird bei uns in weiß oder creme geheiratet. Andere Farben, wie zum Beispiel rot, sind üblich bei Verlobungsfeiern. Bei uns ist die Verlobungsfeier sehr wichtig.

Jede Frau hebt sich ihr Hochzeitskleid zeitlebens auf. Da hängt es im Schrank – als Erinnerung. Auch ich habe meines noch immer. Auf keinen Fall wird es wieder getragen. So ist das.

Ich arbeite seit 1975 in diesem Geschäft, habe mit 15 angefangen, inzwischen sind das 37 Jahre. Mein Schwager hat in der Neulerchenfelder Straße bei einem Fleischhauer gearbeitet. Als ich zehn war, ist mein Vater gestorben. Ich stamme aus dem Waldviertel, Gars am Kamp, dort hätte ich in einem Schuhgeschäft arbeiten können, jedoch mein Schwager hat gesagt, kommt nicht infrage, wenn es einmal einen Krieg gibt, ist ein Posten in einer Fleischhauerei gescheiter. Einmal sind wir hier spazieren gegangen, als in der Auslage ein Schild hing: Suche Verkäuferin. Mein Schwager hat sich mit meiner Schwester besprochen, und dann habe ich hier angefangen. Und bin heute noch da – und mit dem Chef verheiratet.

In den letzten Jahren hat sich viel verändert. Also ich habe nichts gegen Ausländer, aber als ich hergekommen bin, waren fast nur Österreicher hier. Jetzt ist es auch schön, aber früher war es anders, viel mehr Österreicher haben eingekauft. Viele Leute sind weggezogen, und jene Leute, die hergezogen sind, kaufen nicht mehr beim Fleischhauer, sondern im Supermarkt. Die jungen Leute kochen nicht mehr gern, gehen lieber essen. In ein paar Jahren wird man uns Fleischhauer, also unsere Geschäfte, nicht mehr brauchen, wir sind langsam vom Aussterben bedroht.

Wir haben viele fertige Speisen, die gehen wirklich gut. Als ich angefangen habe als Lehrmädel, war alles ganz anders. Damals arbeiteten hier zehn Verkäufer, jetzt sind mein Mann und ich mit einer Aushilfe allein, obwohl die Arbeit nicht weniger geworden ist, nur die Kunden fehlen. Unsere Stärke ist die gute Ware, sonst wären wir nicht mehr vorhanden. Das Geschäft existiert seit 85 Jahren. Wir sind die dritte Generation, aber definitiv die letzte. Unser Kind studiert Pharmazie. Ich glaube kaum, dass sie den Laden übernehmen wird. Ich bin 52 und mein Mann ist 53, deshalb müssen wir noch ein paar Jahre durchhalten. In ein paar Jahren wird es hier keinen einzigen Österreicher mehr geben. Neun sind wir noch.

Ich stehe jeden Tag um halb sechs auf und gehe jeden Tag um sieben Uhr heim. Es ist ein harter Job, und wenn wir nicht selbst so viel arbeiten würden, wäre das nicht machbar. Ich hatte eine Küchengehilfin, die ist nach 20 Jahren in Pension gegangen, ebenso wie ein Bursch, der bei uns 44 Jahre gearbeitet hat. Ich glaube, dass es eine Auszeichnung für eine Firma bedeutet, wenn die Leute derart lange dableiben, aber in der heutigen Zeit will keiner mehr etwas arbeiten.

Der Winter ist eine Katastrophe in der Fleischhauerei. Wir dürfen nicht einhei-

zen, sodass es im Geschäft sehr kalt ist. Wenn ich wieder auf die Welt käme, würde ich es trotzdem wieder machen, mir gefällt es am Brunnenmarkt und ich möchte keinen Tag missen.

Die Renovierung des Marktes hat schon etwas gebracht, am Wochenende sind sehr viele Leute da. Wir haben viele Stammkunden, die uns die Treue halten. Aber unter der Woche ist nicht viel los, heute regnet es, da würde ich ehrlich gesagt auch nicht außer Haus gehen. Unser Geschäft geht zwar noch immer gut, aber kein Vergleich zu früher, damals standen die Leute bis hinaus auf die Straße an. Wir müssen zufrieden sein, es könnte noch schlechter sein.

Ich habe jeden Tag drei Menüs gekocht, aber dadurch, dass die Kollegin in Pension gegangen ist und wir noch keinen Ersatz gefunden haben, mussten wir damit aufhören. Ich koche zwar immer noch, aber Menüs bieten wir keine mehr an. Drei Arbeitssuchende kamen sich vorstellen: Eine ist betrunken dahergekommen und hat gemeint, sie brauche ohnedies nur einen Stempel, weil arbeiten will sie nicht. Die zweite war zwei Stunden im Geschäft, dann habe ich sie heimgeschickt, weil sie mir erklärt hat, zusammenkehren und aufwaschen komme für sie nicht infrage. So ein Personal kann man nicht brauchen. Das waren alles Österreicher.

Viele schimpfen über die Ausländer, aber wenn wir die Ausländer nicht hätten, gäbe es keinen Brunnenmarkt. Und die Ausländer halten zusammen, was man von den Österreichern nicht behaupten kann. In diesem Punkt könnten wir einiges von ihnen lernen.

Wir machen, was wir können, mein Mann und ich. Heute habe ich Dienst, bin um halb sechs gekommen und werde bis sechs offen haben, danach putze ich noch eine Stunde. Früher hatten wir jeden Tag geöffnet, inzwischen sperre ich am Montag und am Mittwoch um zwei Uhr zu, sonst wird mir das alles zu viel. Ich arbeite 72 Stunden in der Woche und bin der Meinung, das sollte reichen. Ich mache die Arbeit gern, und man freut sich, wenn die Leute zufrieden sind. Dennoch hätte ich gern einen Ersatz. Wenn ich morgen eine Grippe bekomme, wer nimmt dann meinen Platz ein? Ich müsste zusperren. Nicht nur einmal bin ich dagestanden mit 39 Grad Fieber. Das ist zwar nicht optimal, jedoch was soll ich machen? An manchen Tagen braucht man kein Personal, aber wer weiß das im Vorhinein. So ist das in jeder Branche. Vom Brunnenmarkt allein könnten wir nicht leben – nicht mehr. Wir beliefern

auch den Christkindlmarkt am Rathausplatz sowie etliche Würstelstände.

Mein Mann produziert die Würste selbst. Früher waren wir zu sechst, jetzt sind wir zu dritt. 1000 Euro Arbeitslose finde ich schon ein bissl viel, das ist die Schuld der Politiker, wen wundert es, dass niemand arbeiten will. Bei uns verdient eine Verkäuferin für 40 Stunden 1350 Euro netto, und mich kostet es mit den Abgaben das Doppelte, mit der Krankenversicherung und der Steuer. 40 Stunden erreicht bei uns eine Arbeitskraft halbtags. Wenn jemand 1000 Euro fürs Nichtstun kriegt, wundert mich nicht, dass sie dann vor dem Fernseher hocken, anstatt zu arbeiten. Ich möchte allerdings nicht so leben, denn wir sind anders erzogen worden.

Wir haben zwar drei Wochen im Jahr unser Geschäft geschlossen, aber der Großhandel geht weiter, das heißt die Wirte und das Spital werden beliefert.

Ich muss sagen, was sie am Yppenplatz mit der Gastronomie gemacht haben, findet man in ganz Wien nicht. Es ist wirklich schön, mir gefällt es.

Mein Mann und ich sitzen sehr gern am Yppenplatz, du fühlst dich, als wärst du im Urlaub. Überall kannst du gut essen, egal, wohin du gehst. Noch nirgends habe ich schlechte Erfahrungen gemacht. Denn wir haben den Herrn Staud, der ist sehr wichtig, weil er viel für den Markt macht, das muss man ihm lassen.

Wir haben viele Kunden aus der Josefstadt und etliche davon wollen die Ausländer nicht. Ich habe ihnen erklärt, dass es keinen Markt gäbe, wenn die nicht mehr da wären, neun Standeln ergeben keinen Markt.

Frau Sterkl ärgert, dass sich die Standler vor ihrem Geschäft nicht an die Vorschrift halten, dass der Zugang zu ihrem Geschäft frei bleiben muss. Als sie dann beim Marktamt angerufen hat, wurde ihr mitgeteilt, dass die Herren derzeit keine Zeit haben, weil sie frühstücken. Die 85-jährige Schwiegermutter, die im ersten Stock wohnt, hat fotografiert, wie der Beschuldigte ihre Fensterscheiben mit Eiern beworfen hat.

Topfpflanzen dürfen in einer Fleischerei nicht aufgestellt werden. So will es ein Gesetz. Die Strafe pro Blumentopf beträgt 27 Euro. Ich habe 200 Euro bezahlt und zu dem Marktamtsbeamten gesagt: Sobald Sie weg sind, stelle ich die Blumentöpfe wieder auf, weil ohne Blumen kann ich nicht arbeiten.

Gehört zu Restaurant Oase, wir sind zwei Brüder. Ich habe eine italienische Eisdiele. Wir haben angefangen vor drei Jahren, wenn Wetter schön, dann geht gut, wenn bissl kalt, dann merken wir sofort, es verkauft sich alles schwach, ist ein Laufkunden-Markt und ist auch ein Problem: Sonntags dürfen wir nicht öffnen, ist ganz schlecht für Eis.

Wir haben seit 15 Jahren das Restaurant, aber ich kenne den Markt schon seit 30 Jahren, vor 30 Jahren war ich schon Kunde hier. Ich bin zufrieden, dass wir hier sind, alles passt und super.

Ganz anders, viel geändert. Also vor 30 Jahren war richtiger Markt, außer Obst und Gemüse wenige Geschäfte. Jetzt ist selten Obst, Gemüse, hängt auch Lidl, Merkur, solche Geschäfte haben auch großen Rayon gemacht mit Obst und Gemüse. Ich erinnere mich, vor 30 Jahren solche Geschäfte hatten keine Obst, keine Gemüse. Jetzt haben sie große Ecke für Obst und Gemüse. Ich glaube, Konkurrenz stört den Markt, aber geht auch, Eis verkaufen, Käse verkaufen. Wir sind alle zufrieden.

Da meine Mama in Pension gegangen ist, habe ich das Standl seit über einem Jahr. Ich bin Drogistin und das passt alles zusammen und hat sich so ergeben. Sie hat mich gefragt, bevor wir es verkaufen, ob ich es nicht doch übernehmen möchte? Probieren kann ich es mal, habe ich mir gedacht und mich drübergetraut. Inzwischen funktioniert es sehr gut. Ich habe alles ein bissl umgestaltet, mich mehr auf Reformware konzentriert, mit Schwerpunkt auf Gesundheit und Beratung, in Richtung Reformhaus. Den Kunden gefällt offenbar, wie ich das mache.

Zudem habe ich das Angebot ein bisschen erweitert. Die Mama hat mehr Hülsenfrüchte und Trockenfrüchte angeboten. Ich mache Teemischungen und Gewürzmischungen und unterstütze die Kunden. In diesem Bereich besteht hier in Ottakring eine Marktlücke. Drüben in Hernals gibt es zwar ein Reformhaus, aber dorthin kommen nur Leute aus der Umgebung, Emigranten gehen üblicherweise in kein Reformhaus, die meisten haben davon überhaupt keine Vorstellung, denken dabei eher an eine Apotheke. Diese Leute sind dann sehr dankbar, denn sie kennen viele Produkte gar nicht und kommen gerne zu mir, um sich die einzelnen Produkte erklären zu lassen. Das funktioniert sehr gut. Außerdem

bin ich die einzige am Brunnenmarkt, ich habe keine Konkurrenz, hoffentlich bleibt das so. Meine Mutter sagt immer, diese Arbeit mit den Kräutern und Gewürzen tut sich keiner an.

Die Papierstanitzel meiner Mama habe ich beibehalten, weil sie mir sehr gut gefallen, das ist einfach Nostalgie, ein Stück Papier so zu drehen, dass es dicht ist. Die anderen schmeißen alles in ein Plastiksackerl. Wie früher die Marktweiber ihre Ware in Papier eingewickelt haben, das war schon super. Paprika kommt bei mir nach wie vor in ein Stanitzel, nicht in Plastik. Und die Kunden mögen das genauso gern wie ich.

Von Donnerstag bis Samstag bin ich hier, die anderen Tage arbeite ich immer noch im Reformhaus. Ganz aufgegeben habe ich meinen Job nicht, ginge sich auch finanziell nicht ganz aus, und ich konnte meinen Chef nicht von einem Tag auf den anderen verlassen, der war ganz traurig, als ich ihm gesagt habe, dass ich mich selbstständig mache. Aber er sieht das positiv. Teilweise arbeite ich auch mit ihm zusammen, wenn ich Ware brauche, hilft er mir aus, sodass ich nicht ganze Paletten abnehmen muss, denn ich brauche keine riesigen Mengen, da kann ich ein, zwei Stück nehmen, das ist schon super. Wir arbeiten Hand in Hand.

Es ist ein großer Vorteil gegenüber früher, dass nicht jeden Tag das Standl aufgebaut werden muss. In der Früh wird die Ware eingeräumt und am Abend wieder ausgeräumt. Lindenexpress wurden wir genannt. Da sind der Papa und die Mama immer mit diesen Handwägen hergefahren, haben den Stand aufgebaut, wir haben in der Friedmanngasse im Keller ein Lager gehabt, schon um fünf Uhr sind sie dagestanden. Das waren andere Zeiten. Jetzt ist es viel besser.

Von klein auf war ich immer dabei, selbst als die Mama mit mir schon hochschwanger war, hat sie gearbeitet. Bei meinen zwei Schwestern ist sie eher noch zu Hause geblieben. Ich bin die Jüngste. Die Mädels haben immer zu mir gesagt, ich würde den Stand einmal übernehmen. Tatsächlich haben sie einen anderen Weg eingeschlagen, sind in anderen Berufen tätig, während ich dabeigeblieben bin. Kräuter haben mich seit meiner Kindheit fasziniert, ich bin schon immer mit der Mama sammeln gegangen.

Das hat sich bis heute auch nicht geändert, immer noch gehen wir gemeinsam Kräuter sammeln, der andere Teil stammt nach wie vor aus unserem Garten. Sie ist in Pension und hat ihren Garten. Intern arbeiten wir zusammen. Eigentlich ist sie nicht von hier wegzudenken. Sobald ich sie brauche, kommt sie mir am Samstag helfen, wenn mehr Leute auf dem Markt sind, damit ich nicht ganz alleine bin. Die Kunden fragen oftmals nach ihr: Wo ist die Mama, wie geht es ihr?

Unseren Betrieb gibt es seit 53 Jahren. Der Name meiner Familie war schon immer mit diesem Markt verbunden, wir haben immer hier gewohnt, mein Vater hat bei seiner Verwandtschaft gelernt. Gleich gegenüber, wo jetzt die Trafik ist, war einst ein Lebensmittelhandel, den ein Mitglied unserer Familie besessen hat, sowie weitere Geschäfte, damals vor dem Weltkrieg. Danach gab es den Aufschwung, als alle das Essen nachgeholt haben, die Geschäfte liefen damals sehr gut. Meine Großmutter hat am Markt gearbeitet, mein Urgroßvater war schon hier, er hatte eine Schuhmacherei, wo jetzt der Hür Paş seinen Supermarkt betreibt, davor war dort eine Kaffeerösterei. Später dann hat der Herr Wlaschek, wo der Hür Paş drinnen ist, mit seiner ersten Billa-Filiale angefangen. Am Brunnenmarkt hat die Erfolgsgeschichte der Supermarktkette Billa ihren Ausgangspunkt gehabt.

Wo sich nun der Gastgarten vom Café Messner befindet, haben meine Eltern zuerst mit Süßwaren gehandelt. Als das Geschäft aufwärts ging, haben sie den Nachbarstand dazugekauft. Früher durften die Stände nur offen sein, man musste sie zusammenklappen und in der Früh wieder aufbauen. Vor zirka 20 Jahren habe ich die Stände meiner Eltern übernommen und ausgebaut, das Kaffeehaus gleich neben mir gekauft, Café Messner, vorne einen Schanigarten hingestellt. Es gibt niemanden, der länger hier ist als wir.

Die Renovierung des Marktes war ein großer Vorteil. Ich habe mich sehr dafür eingesetzt, dass Veränderungen stattfinden, deshalb haben wir vor mehr als zehn Jahren den Einkaufsstraßenverein gegründet. Ich war zu Vorgesprächen bei der früheren Bezirksvorsteherin, Frau Graßberger, denn uns war klar, dass wir verslumen, wenn nichts unternommen wird. Ein Problem war, dass keine Fixstände zugelassen waren. Das nächste Problem: Während der Nacht, zwischen 21 und 5 Uhr, durfte man durch die Brunnengasse fahren und auch parken. Eine blöde Verordnung, denn wer kommt um neun Uhr nach Hause und fährt um fünf Uhr weg. Um diese Durchfahrt zu ermöglichen, mussten die Stände weggeräumt, die Ware ins Magazin transportiert werden. Die Hygiene war ein weiteres Problem. Es musste sich etwas ändern, und ich habe mich sehr dafür engagiert, dass die Brunnengasse zur Fußgängerzone wird und dass jedem die Möglichkeit offen steht, einen Fixstand zu erwerben, niemand wird dazu gezwungen, sollte er sich den Kauf nicht leisten können.

Roter Kardinal
Blauer Portugieser
Blauburger
Sankt Laurent
Zweigelt
Pinot Noir
1/8
Blaufränkisch
2,30
1/8
2,50

Inzwischen sind wir der am besten besuchte Markt von ganz Wien, den Naschmarkt haben wir bereits überholt. Unsere Produktpalette läuft ein wenig anders, wir sind nicht auf der teuren Schiene, das ist gut und richtig. Einst war fast alles in österreichischer Hand, dann war es gemischt zwischen Jugoslawen, Türken und Österreichern. Jedoch vor 20, 25 Jahren ergab sich eine Veränderung, haben viele türkische Zuwanderer Stände gekauft. Heute sind wir nur mehr wenige Österreicher: Das bin ich, das ist das Blumengeschäft Weiser, der Würstelstand Blaser an der Ecke, gegenüber die Frau Thallmaier mit dem Speck-Stand, der Konditor Putz und die Fleischhauerin Sterkl. Mal sehen, wie lange die noch da sind.

Nach dem Umbau wurde auch die Marktordnung geändert, insbesondere die Sperrstunden. Wenn man zum Beispiel Bekleidung verkaufen möchte, geht das nicht mehr. Ist auch richtig so. Manchmal hat man den Eindruck, hier gibt es nur Bekleidung, aber das täuscht, sobald die Leute vom Urlaub zurück sind, sieht alles wieder ganz anders aus. Diese Marktfahrer füllen die Lücken, weil es nicht so viele Marktfahrerplätze gibt, und umgewidmet wird nicht mehr.

Früher lag unser Schwerpunkt mit insgesamt 60 Prozent bei den Süßwaren, das hat sich aber in den letzten zehn Jahren immer mehr reduziert, heute kann jeder alles anbieten. Was ich nicht verstehe, hier ist ein Markt, warum lässt man einen Penny herein, einen Hofer, einen Zielpunkt, hier kommt ein Lidl rein. Es herrscht freie Marktwirtschaft, und der Hausbesitzer entscheidet, ob er einen Supermarkt in sein Haus lässt. Dennoch fragt man sich, warum kein Gesetz geschaffen wird, das den Markt zu einem geschützten Gebiet erklärt? Wir haben uns auf Kaffee, Tee und Wein konzentriert. Zu Ostern und zu Weihnachten kommen spezielle Süßwaren hinzu, wofür es noch Kundschaft gibt, das sind österreichische und ältere Leute, die immer weniger werden. Mit der Zeit wird dieses Geschäft aussterben, die Kundschaft und diese Waren, eine Bonbonniere von Hofbauer und ähnliche Sachen kosten Geld. Die jungen Leute kaufen lieber etwas Billiges im Supermarkt.

Unsere Kunden sind zu 80 Prozent ausländisch. Wir bieten Spezialitäten an, die auf ein bestimmtes Publikum zugeschnitten sind, zum Beispiel die Mahlung, damit sind wir sicher die einzigen in ganz Österreich, die solche Waren führen. Dadurch läuft das Geschäft auch, anders könnten wir nicht überleben.

Die türkische Besitzerin des Modegeschäfts Gül liest eine österreichische Tageszeitung.

Das ist ein neues Geschäft? Und Sie handeln mit …

Bekleidung. Seit Mai 2011. Ich war vorher in der Ottakringer Straße neben dem Elektrogroßmarkt Kosmos, dann haben wir dieses Geschäft gefunden.

Ist das ein besserer Platz?

Ja, ist noch besser, Ottakringer Straße ist ganz ruhig. Hier gibt es viele Menschen.

Woher kommen Sie?

Aus der Türkei, ganz weit, Hatay, Grenze zu Syrien. Meine Ware kommt von Istanbul.

Ihre Kundinnen sind türkische Frauen?

Viele Frauen kommen, Österreicherinnen auch, jugoslawische oder tschetschenische Frauen. Früher hatte ich auch so viele Kunden, sie kommen auch zu mir.

Ist das ein Vorteil, ein fixes Geschäft, es gibt hier auch sehr viele Stände.

Das stört mich nicht, ist auch so viel.

Es gibt auch viele Inder, die Kleidung verkaufen, aber draußen auf den Ständen.

Es sind ganz billige Sachen, aber viele Kunden wollen noch Qualitätsware. Jede Frau kauft nicht immer vom Markt, denke ich. Ich habe keine billige Ware, ich habe so viele Kunden.

Welche Farben kauft man?

Diese Farbe, türkis, ist dieses Jahr Mode. Und diese Farbe ist auch bei uns, in Wien noch nicht. Diese Farbe auch, pink.

Altrosa. Wie suchen Sie das aus?

Ich fliege immer nach Istanbul. In ein anderes Land können wir nicht.

Warum?

Unsere Ware ist sehr beliebt, ich war nicht in Italien, ich habe nicht probiert. Ungefähr in zwei Monaten bin ich in der Türkei.

Wie lange bleiben Sie?

Eine Woche. Nicht lang, aber das Geschäft ist noch nicht so groß. Ist bisschen klein, es geht schon. Eine Woche ist genug für mich.

Da fahren Sie allein oder mit Ihrem Mann?

Ich fahre allein. Manchmal, in der Osterzeit mit Kindern, manchmal mit Mann, aber nicht immer. Ich fliege oft allein.

Das ist mutig.

Mein Mann geht manchmal, aber er kann nichts kaufen, kann nicht schöne Ware finden. Muss ich machen.

Wir sind mittlerweile die einzige Blumenhandlung am Brunnenmarkt. Als wir vor 30 Jahren angefangen haben, existierten fünf oder sechs. Allen hat es an Nachfolgern gefehlt, die ihren Betrieb weiterführen wollten. Somit ist der ganze Markt ausgetauscht worden, jetzt gibt es nur mehr fleißige Ausländer.

Da wir zu dem Geschäft auch einen Stand haben, kommen wir über die Runden, das Blumengeschäft allein wäre zu wenig. Draußen am Stand bieten wir eher Freilandware an, Topfpflanzen zum Einsetzen, innen haben wir Zimmerpflanzen. Unsere Stammkunden kommen herein ins Geschäft, wenn sie etwas brauchen. Dagegen empfinden manche Kunden die Türschwelle zum Geschäft als unüberwindbares Hindernis, denen musst du alles hinaustragen. Zum Beispiel zu Silvester: Draußen hat es Minusgrade, trotzdem kommen sie nicht ins Geschäft, kaufen lieber den gefrorenen Klee. So ist eben der Markt.

Als unsere Vorgängerin in Pension gegangen ist, haben wir ihr den Laden abgekauft. Bereits davor waren wir in der Blumenbranche tätig, nämlich zehn Jahre am Südwestfriedhof. Dann haben wir uns entschlossen, selbstständig zu werden. Inzwischen haben wir 30 Jahre gearbeitet, und das Leben ist vorbei – vielleicht noch nicht ganz. Wir haben brave Kinder und Enkel. Eventuell wird unsere Tochter das alles übernehmen. Sie ist eine leidenschaftliche Floristin, hat diesen Beruf auch erlernt und die Meisterprüfung abgelegt. Wir hoffen jedenfalls, dass sie unser Lebenswerk weiterführen wird – oder auch nicht. Wenn sich das Gesetz in nächster Zeit nicht ändert, müssen wir noch sieben, acht Jahre weitermachen. Wenn du nicht familienmäßig arbeitest, hast du aufgrund der langen Öffnungszeiten keine Chance. Sechs Tage in der Woche bis sieben Uhr abends. Auch Samstag bis 17 Uhr. Bis du von hier wegkommst, kannst du noch eine Stunde anhängen.

Wir versuchen, unsere Ware großteils aus Österreich zu beziehen, österreichische Gärtnerqualität, weil die Haltbarkeit besser ist. Bei Gärtnern, mit denen man 30 Jahre zusammenarbeitet, weiß man, man bekommt etwas Gutes. Alles, was ich hierzulande nicht kriege, besorgen wir uns in Holland. Zwei- bis dreimal im Jahr fahren wir dorthin. Aus Italien importieren wir direkt. Da wir inzwischen unsere Verbindungen aufgebaut haben, reicht ein Anruf, um die Ware telefonisch zu bestellen. Früher war das mühsam, wir sind mit dem Auto nach Holland gefahren. Heute fliegen wir, sehen uns um, wählen aus, und die Spedition bringt die Ware.

Auch in Deutschland gibt es immer etwas zum Einkaufen. Die Vielfalt ist ziemlich groß. In kürzester Zeit kann man alles besorgen, da der Wiener Markt seit sechs, sieben Jahren sehr aufgeschlossen ist. Durch einige Großhändler wurde unser Angebot sehr bereichert. Wenn heute jemand Thujen kaufen möchte, habe ich sie am nächsten Tag. Das war früher nicht so. Vor 20 Jahren hast du zum Muttertag oftmals nicht einmal Nelken auftreiben können. Wenn der Gärtner, bei dem du das ganze Jahr gekauft hast, keine hatte, war nix. Da war der Blumenimport zeitweise gesperrt, und du durftest nichts einführen.

Zum Schutz der Wiener Gärtner vor ausländischer Konkurrenz war es gesetzlich geregelt, wenn inländische Ware vorhanden war, wurde der Import aus dem Ausland gesperrt. Jedoch war oft nix vorhanden, keine Nelken, keine Schnittblumen. Mit dem Beitritt Österreichs zur EU wurden diese Gesetze getilgt. Früher hat es schon Mal Engpässe gegeben, heute überwiegt das Überangebot, von allem gibt es mehr als genug.

Vor allem am Kräutersektor ist es extrem. Wir haben über 100 verschiedene Kräuter. Sonderwünsche besorgt man – Schokoladenminze oder Ananas-minze. Vor allem auf dem Minzensektor gibt es wahnsinnig viele Sorten, alles wird veredelt und gezüchtet, und die Nachfrage besteht. Wenn die Leute in einem Rezept lesen, dass sie genau diese Sorte brauchen, soll sie bei uns sofort vorhanden sein.

Die Ausländer sind eigentlich jeder für sich, bleiben alle untereinander. Mittlerweile sind sie freundlicher geworden, weil wir am Markt dominant sind, grüßen schön langsam in der Früh, das hat aber 20 Jahre gedauert.

Bei unserer Kundschaft haben wir einen Ausländeranteil von 20 Prozent. Wir müssen uns auch auf ihre Feste einstellen. Es gibt einige, die mit uns Weihnachten am 24. Dezember feiern, andere wiederum feiern Weihnachten erst am 6. Jänner und möchten dann Weihnachtsgestecke kaufen. Wir haben schon allerhand Schimpfwörter gehört, warum wir am 6. Jänner keine Weihnachtsgestecke mehr anbieten. Darauf müssen wir uns einstellen, aber das funktioniert ganz gut. Du musst halt trachten, dass du immer alles vorhanden hast, für den einen eine schöne und gute Ware, für den anderen etwas Billiges.

Herr Lojic schneidet ein Weckerl auf und legt es auf die Cevapcici am Grill.

Ich mache Ihnen bosnische Cevapcici. Eigentlich bin ich gelernter Optiker, und jetzt helfe ich meiner Frau. Sie hat den Stand vis-a-vis erworben, damals ein Käsestand mit über 100 Sorten Käse. Einige Zeit später ist der Vorbesitzer dieses Standes, wo wir jetzt stehen, verstorben – nicht, dass ich es ihm gewünscht hätte, es ist halt so passiert. Das war ein klassischer Wiener Fleischhauer, und wir haben seinen Stand übernommen. Nach und nach hat sich alles weiterentwickelt. Weil sich die Struktur der Menschen geändert hat, die diesen Markt besuchen, haben wir unser Angebot entsprechend angepasst. Früher gab es Gebratenes und Kümmelbraten, jetzt muss man die dementsprechende Ware haben, woher diese Leute stammen. Davon leben wir.

Meine Frau hat die Landwirtschaftsschule besucht, und hier musste sie die Meisterprüfung ablegen. Sie hat einen halben Stier zerlegen müssen, mit Kettenhemd und allem, was dazugehört. Vom Wiener Innungsmeister wurde ihr die Prüfung abgenommen, sie war seit Jahren die einzige Frau, die das geschafft hat. Gleich drüben auf der Neulerchenfelder Straße haben wir unseren Betrieb, wo wir zerlegen, selchen, Wurst erzeugen, braten. Meine Frau ist der Konzessionär, ich bin der Angestellte und darf hackeln.

Neun Jahre sind wir inzwischen hier, und es werden immer weniger Österreicher, dafür essen die Ausländer mehr. Danach muss man sich richten. Ich stamme aus Bosnien, bin aber schon immer hier, man hört das, weil ich keinen Akzent habe. Ich habe auch im 1. Bezirk gearbeitet, da wird gewählter gesprochen, das kann ich. Doch wenn ich hier fein spreche, komme ich nicht sehr weit.

Der Betrieb ist von selbst gewachsen. Für uns beide ist andauernd viel zu tun, weshalb wir seit ewigen Zeiten keinen Urlaub gemacht haben. Auch bei minus fünf Grad stehst du draußen. Wenn man hier einheizt, beschlägt sich alles. Wie soll man da seine Ware verkaufen, lieber bleibe ich gleich zu Hause. Das Fleisch und die Wurst kann ich nicht aufheizen, was die Arbeit erschwert. Zusätzlich beliefern wir ein paar Lokale. Fleischwaren sind kein Schuh, der kein Ablaufdatum hat. Wenn Fleisch einen Tag liegt, wird es nicht besser. Drüben im Betrieb besitzen wir zwei Kühlräume. Geht nicht anders.

Gescheiter und leichter ist Optiker, viel leichter, am gescheitesten wäre, zu Hause zu sitzen, aber irgendetwas muss man machen. So lange der Merkur keine

Fleischwaren hat, können wir bestehen, sobald er Fleisch und Wurst im Sortiment hat, wird er uns unterbieten, dann werden unsere Umsätze zurückgehen und wir werden kein Geschäft mehr machen. Man muss sich darauf konzentrieren, sonst funktioniert das alles nicht, und man muss wirtschaftlich sein, damit man die Rechnungen bezahlen kann. Du bist den ganzen Tag in der Kälte, am Abend kommst du heim, machst das Postkastl auf: Zahlscheine. Das ist nicht lustig. Wir arbeiten selbst viele Stunden, wenn ich sonst jemanden bezahlen müsste, ginge sich das hinten und vorne nicht aus. Aber es ist schön, wenn ein Erfolg da ist, das baut einen auf.

Herr Lojic wendet die Cevapcici und drückt die Weckerlhälfte drauf. Ein altes Weckerl eignet sich dafür besser als ein ganz frisches. Das alte Weckerl saugt mehr von der Rindsuppe auf. So wurde früher altes Gebäck verwertet. Traditionen besitzen eine zwingende Logik.

Hauptsächlich kaufen Jugoslawen bei uns. Die Türken gehen lieber zu den Türken, das ist eben so. Die Österreicher unterscheiden zwischen Österreichern und Ausländern. Dass es verschiedene Arten von ausländischen Menschen gibt, kommt den Österreichern nicht in den Sinn. Dennoch sind es unterschiedliche Menschen, sie essen verschiedene Sachen, feiern verschiedene Feste, leben unterschiedlich.

Kümmelbraten haben wir heute, junger Mann. Herr Lojic packt den Kümmelbraten in ein Papier, auf dem ein anderer Name steht, nicht seiner. Das Einpackpapier stammt von einem Fleischhauer, der seine Frau ermordet und danach Selbstmord begangen hat. Sein Einpackpapier war billig zu haben. Meine Frau war dagegen, dass wir es kaufen, während ich der Meinung war, dass man dem Papier nichts ansieht. Gäbe es die Ausländer nicht, wäre der Brunnenmarkt am Ende. Das möchte niemand.

Die Cevapcici sind fertig gegrillt, das Weckerl mit Rindsuppe getränkt und fein weich. Soll man Cevapcici und Weckerl getrennt essen oder beim gleichzeitigen Biss riskieren, dass die Cevapcici herausrollen? Während wir essen, erwähnt er, dass sie zwei Mädchen haben, elf und 13 Jahre alt. Ich entscheide mich für einen Mittelweg des Abbeißens.

Seit 14 Jahren sind wir da. Unsere Kunden sind hauptsächlich unsere Landsleute, aus dem Balkan und dem ehemaligen Jugoslawien. Sehr selten, dass Österreicher Kunden sind, weil wir hauptsächlich dieses Rotgold haben. Österreicher mögen kein Rotgold, sondern eher Weißgold. Unsere Ware hat 22 Karat, deswegen ist sie gelb oder rötlich, weniger teure Ware macht 14 Karat*.

Mit dem Ergebnis sind wir sehr zufrieden, obwohl ein Luxusartikel. Herbst ist eine gute Jahreszeit. Meistens heiraten die Leute nach dem Urlaub, und auch Frühjahr geht gut. Sommer ist nicht sehr gut, weil die meisten Leute in Urlaub fahren, und wir haben weniger Geschäft natürlich. Die Leute kaufen auch in der Türkei. Aus Tradition zur Hochzeit Gold schenken, je nachdem wie die Verwandtschaft ist, ein Armband oder einen kleinen Dukaten oder ein komplettes Set für die Braut.

Ganz verschieden, was Leute kaufen: Armreifen und Ringe, Eheringe, Verlobungsringe, auch Ohrringe. Eine Halskette.

Aus der Türkei und aus Deutschland beziehen wir unsere Ware. Die großen Firmen, die dort tätig sind, haben auch dort hergestellt, Italien ist auch sehr gut, die machen Großhandel. Wir gehen auf Messen, oder fast jede Woche kommt ein Vertreter, kann man die neuesten Modelle bestellen.

---

* Der Feingehalt von Gold wird in Karat angegeben. 24 Karat bezeichnet (theoretisch) reines Gold. (Verunreinigungen können nicht zu 100 Prozent eliminiert werden.) 14 karätiges Gold weist einen Goldanteil von 58,5 Prozent auf. Rotgold erhält durch den Zusatz von Kupfer eine rötliche Färbung. Weißgold ist eine Legierung mit Zusätzen von Palladium, Nickel oder Silber. Es wurde 1912 als kostengünstiger Ersatz von Platin werbewirksam für Schmuckzwecke entwickelt. Die Spanne der Legierungsverhältnisse von Gold ist breit gefächert.

Meine Frau war 22 und ich war 24, und wir haben den Wunsch gehabt, selbstständig zu werden, obwohl meine Frau keine Ahnung hatte von der Konditorei, denn sie arbeitete beim Gerngross im Büro. Wir wollten heiraten, und es hat mit uns gestimmt, wie man früher gesagt hat. Jetzt sagt man, es stimmt, wenn zwei einmal miteinander zelten, dafür sind sie am nächsten Tag schon wieder auseinander. Wir haben beides gesucht, Selbstständigkeit und ein Quartier, 60 oder 70 Quadratmeter, deshalb sind wir nach Fischamend gezogen.

Früher hast du nur am Sonntag Zeit gehabt, dir ein Geschäft anzuschauen, unter der Woche hast du bis halb sieben am Abend gearbeitet, Fahrzeug hast du keines gehabt. Damals ist man am Sonntag hinausgefahren, am Sonntag war ein super Geschäft draußen in der kleinen Konditorei in Fischamend. Es war sehr heiß, weil es August war, und wir haben mit der Besitzerin geredet, sie war damals 76 Jahre alt, alleinstehend, ohne Kinder. Ja, Sie können die Konditorei haben.

Wir haben sofort zugegriffen. Ich habe gekündigt, mein Chef war total aus dem Häuschen: Gerade Sie wollte ich als Betriebsleiter einsetzen. Mir war das damals wurst. Ich war zehn Jahre in der Firma. Ich habe in einem starken Mittelbetrieb gearbeitet, wo jede Maschine vorhanden war, alle Vorteile. Die Konditorei von Karl Haag auf der Landstraße war damals ein Vorzeigebetrieb. Diese Mittelbetriebe haben Veränderungen in der Konditorei zustande gebracht. Sobald wir eine Frucht hinzugefügt haben, hat die Industrie das ein paar Monate später nachgemacht. Die kleinen Betriebe sind immer weniger geworden, denn die Industrie ist allemal stärker.

Innerhalb eines Monats habe ich die Meisterprüfung abgelegt, und wir haben geheiratet. In der Konditorei gab es keinen Eiskasten, nichts war vorhanden, alles ziemlich desolat, in diesem Zustand haben wir eröffnet. Unsere Vorgängerin hat nur am Sonntag gearbeitet, unter der Woche hat kein Mensch in Fischamend eine Torte gekauft, kein Mensch ist in ein Kaffeehaus gegangen, der wäre sofort ausgeschrien gewesen, als Tachinierer.

Herr Chef, bitte. Ich komme, eine Minute.

Fünf Jahre später ist das so gewesen: Die Besitzerin ist älter geworden, und ihre Verwandten waren reiche Leute. Wenn der Bundespräsident jemanden eingeladen hat, ist er in das Fischrestaurant nach Fischamend gefahren, Orth an der Donau war zweitrangig. Sie hat gesagt: Alle meine Sachen bekommen die Enkelkinder. Wir haben ihr jede Menge Vorschläge gemacht. Zeitrente, nur dass wir das kriegen. Es war ein super Grundstück mit einem riesen Innenhof. Nein, sie will das niemals hergeben. Wir haben nach drei Jahren schon investiert, weil alles alt war, nach fünf Jahren hätten wir noch mehr renovieren und investieren müssen, da wir ein gutes Geschäft gemacht haben, aber sie war dagegen.

Meine Frau war immer sehr springlebendig, hat sich immer umgeschaut. Eines Tages ist sie hier spazieren gegangen, damals war der Brunnenmarkt noch ein Brunnenmarkt, egal ob es heiß war oder kalt sind Leute durchgegangen. Man ist auf den Markt gegangen nicht zum Spazieren, sondern weil man etwas gebraucht hat. Man hat gewusst, von der Thaliastraße bis zur Ottakringer Straße gibt es einen Grünmarkt, gelegentlich mit etwas anderem dazwischen, inzwischen ist das Dazwischen mehr geworden, aber wurst, jeder muss leben, man hat immer irgendetwas entdeckt. Am Abend wurde dann gekocht, wenn der Mann oder die Kinder heimgekommen sind.

Eines Tages ist meine Frau also in der Brunnengasse herumgewandert. Die Konditorei führten zwei alte Leute, wahrscheinlich haben sie genauso ausgesehen wie ich jetzt, dennoch waren sie noch nicht pensionsreif. Meine Frau hat sich vorgestellt. Was sie nicht wissen konnte, dass die beiden eine Serviererin suchen.

So haben sie eine halbe Stunde hin und her geredet, bis sie draufgekommen sind, dass meine Frau das Geschäft übernehmen möchte. Ich vermute, dass der Mann schneller geschaltet hat. Er war erst 57 und hatte noch ein paar Jahre bis zur Pension, aber wahrscheinlich war ihm schon längst die Lust an der Arbeit vergangen. Wenn du ein gewisses Alter erreicht hast und mit dem halben Leben abgeschlossen hast, dauernd einer hereinkommt und fragt, haben Sie dies und jenes, und dann nichts kauft, ist jeder angefressen. Ich glaube, dass sie den Laden nicht richtig geführt haben, denn damals konntest du noch gutes Geld verdienen.

Im Laufe eines halben Jahres hin und her, wir standen unter Zwang, denn wir mussten von Fischamend weg, haben wir uns geeinigt. Seit zwei Generationen befand sich in dem Geschäft eine Konditorei. Wir haben es kaum für möglich gehalten, dass jemand dieses Geschäft hergibt. Niemand geht heute in der Mittagspause auf einen Kaffee. Früher gab es nicht mehr Geld, aber wer leistet sich heute den Luxus, bevor er um sechs Uhr nach Hause geht, nochmals einen Kaffee zu nehmen? Gegenüber lag das Warenhaus Osei, von den 15 Verkäuferinnen waren neun Stammkunden. Fast täglich kam der Geschäftsführer, wenn er mit Vertretern Geschäftsabschlüsse getätigt

und alle eingeladen hat. Wir waren ständig voll und mussten erweitern. Bloß weil wir keine freien Plätze hatten, haben wir Kunden verloren. Wenn jemand zu Mittag kommt und zweimal keinen Platz findet, geht er in das Lokal nicht mehr hinein. Jetzt kann man bei uns drinnen schlafen, es gibt genügend Platz und so ist das überall, dennoch wird behauptet, dass hier alles stimmt.

Mit 60 bin ich in Pension gegangen, krabble aber noch immer herum. Meine Frau und ich haben immer gesagt, wir halten durch bis 100 wie die Hawelkas, aber vor zwei Jahren wurde meine Frau von einem Zecken gebissen. Wir haben in Lockenhaus ein Häusel im Wald. Der Zeck war so klein, dass du ihn gar nicht gesehen hast. Sie ist zu allen möglichen Doktoren gegangen, weil sie total fertig war, dann hat doch einer reagiert, kein ganz großer Spezialist. Bei mir sind alle Ärzte Handwerker, gut muss einer sein, er muss nicht alles wissen, aber er muss wissen, wovon ich rede. Sie leidet unter Allergien und kann fast nichts essen, hat abgenommen, sie hat immer nur 57 Kilo gehabt – höchstens 60, als sie älter wurde. Jetzt wäre sie froh, wenn sie 60 Kilo hätte. Dass ein Zeck einen Körper derart durcheinanderbringt, das sind die natürlichen Auslesen. Was die Regierung nicht zusammenbringt, schafft ein Insekt.

Seit wann sind Sie hier?

Ein Jahr.

Was kochen Sie, was verkaufen Sie?

Börek[1], Gözleme[2], Pide[3], alles türkisches Essen.

Was ist da drinnen?

Spinat mit Käse, Kartoffeln und Faschiertes.

Wie finden Sie den Brunnenmarkt zum Arbeiten? Ist es ein guter Platz?

Ja, gutes Arbeiten.

Sie arbeiten zu zweit, mit Ihrer Mutter?

Nix Mutter. Arbeitskollegin. Machen alles selbst, kochen, füllen, heiß machen.

Wann fangen Sie an hier in der Früh?

In der Früh sechs Uhr bis Abend fünf Uhr.

Elf Stunden, das ist lange.

Meine Arbeitskollegin Urlaub geht, ich komme alleine. Andere Kollegin sechs Uhr bis 15 Uhr. Aber jetzt ganzen Tag bin ich da. Ich fasten, ganzen Tag nichts essen, draußen auch heiß. Ramadan.

Welche Zutaten verwenden Sie? Ist das türkisches Mehl?

Egal, wo wir kaufen. Teig machen mit Wasser und Germ.

Wer hat Ihnen das gelernt? Ihre Mutter?

Ich habe alles selber gelernt. Mit Mutter lernen geht nicht, mit 14 heiraten, mit 15 eine Kind bekommen.

Wie lange sind Sie schon in Wien?

24 Jahre, 1986 gekommen.

Wie viele Kinder haben Sie?

Sechs Kinder haben.

Die sind alle schon groß?

Alle groß, erstes Kind lebt in Türkei, andere hier, drei Kinder hier geboren. Schwiegertochter kommt von Salzburg.

---

[1] Eine türkische Variante des Strudels aus Yufka-Teig (ähnlich Blätterteig), gefüllt mit Faschiertem, Schafskäse, Spinat oder Gemüse. Auf dem Balkan unter verschiedenen Namen bekannt.

[2] Dünne, meist würzig gefüllte Fladenbrote aus Yufka-Teig, eine Spezialität der anatolischen Küche. Beliebt sind Füllungen mit Schafskäse, Spinat und frischen Kräutern. Die rohen Zutaten werden grob zerkleinert. Die Füllung kann auch aus Kartoffeln oder kräftig gewürztem Lammfaschierten bestehen. Auch süße Varianten sind bekannt.

[3] Ein von Griechenland bis zum Nahen Osten verbreitetes, etwas dickeres, weiches Fladenbrot aus Hefeteig. Es dient, täglich mehrmals frisch gebacken, als Beilage zu fast allen Mahlzeiten. Oft mit Sesam oder Schwarzkümmel bestreut.

Seit 40 Jahren ist unsere Familie am Brunnenmarkt. Vor mir war meine Tante an diesem Platz. Wir haben uns geeinigt für die Übernahme, während ich bei Tag noch Zeitungen ausgeliefert und in der Nacht den Würstelstand betrieben habe. So hat man sich halt durchgekämpft. Damals war es, wenn ich ehrlich sein darf, schöner zum Arbeiten. Menschlicher war das damals, heute ist alles schnelllebig, aggressiv. Auch finanziell äußert sich allmählich ein Problem, denn es beginnt wieder wie damals nach dem Krieg, dass die Leute aufschreiben lassen. Man hatte geglaubt, so etwas wäre für immer und ewig vorbei, doch kommt alles wieder. Natürlich beginnt es ganz unten bei den Stammkundschaften.

Allein mit Würsteln, wie früher, ist kein Geschäft mehr zu machen, wir haben Sauerkraut, Würstel mit Saft. Eine Dame kocht für uns. Die Essgewohnheiten haben sich ebenfalls geändert, man isst bewusster. Hinzu kommt noch die Konkurrenz, Kebab rundherum. Das Publikum hat sich gewandelt, früher waren hier überall nur Österreicher, heute siehst du kaum mehr Österreicher.

Unser Altbürgermeister Zilk ist fast jeden Tag zu mir gekommen, fast alle Bundespräsidenten kamen im Zuge der

Wahlwerbung. Das hat mich sehr geehrt. Als ich hier begonnen habe, hat es noch keinen Strom am Markt gegeben. Mit Gasglühstrümpfen haben wir den Stand beleuchtet.

Unlängst kam ein Iraner zum Stand. Diese Leute behandle ich extrem zuvorkommend. Mich freut sehr, wenn diese Leute versuchen, etwas zu essen, was in ihrem Speiseplan üblicherweise nicht enthalten ist. Doch sind das ganz, ganz wenige.

Eigentlich bin ich schon seit zwölf Jahren in Pension. Täglich betreibe ich Sport. Ich komme soeben vom Tennisspielen. Früher habe ich Fußball gespielt, das geht nicht mehr. Beim Tennis muss ich auch rennen. Wer rastet, der rostet. Dann helfe ich bei meinem Sohn aus. Der Alte ist auch noch da, sagen die Kunden: Hallo, servus.

Das Marktamt hat mir auf sanftem Weg zu verstehen gegeben: Kaufen Sie sich einen neuen Stand, der ist hygienischer. Damit haben sie vollkommen recht, ich bin auch froh darüber, dass wir jetzt Fließwasser haben. Das Marktamt hat viel für uns getan. Natürlich war der neue Stand mit Riesenkosten verbunden, hat an die 50.000 Euro gekostet, so wie er jetzt hier steht, aber ich habe das für meinen Sohn gemacht. Er hat sich einen Kredit genommen und zahlt mir die Summe halt langsam zurück. Jedenfalls macht es mir auch Freude, dass alles schöner ausschaut, dennoch müssen die Kosten hereinkommen.

Mein Sohn hat den Würstelstand inzwischen übernommen, er ist Zahntechniker. Am letzten Tag vor seiner zehnjährigen Anstellung wurde er gekündigt. Willst du weitermachen? Okay. Seitdem ist er hier bei mir.

Als der Bürgermeister Zilk eines Tages bei mir gegessen hat, habe ich ihn gefragt: Wollen Sie ein Brot dazu? Nein. Ein gutes Brot, kostet nichts. Na gut. Er isst also seine Wurst mit dem Brot, stellt sich eine Dame zu ihm: Gut, dass ich Sie, Herr Bürgermeister, hier treffe, ich hätte eine Frage an Sie. Ich stamme aus den Baltischen Staaten, wir sind ein Gesangsverein und wir würden gern im Rathaus vorsingen. Der Bürgermeister schaut sie an: Besprechen Sie einen Termin mit meiner Mitarbeiterin. Herr Bürgermeister, was essen Sie da? Eine Burenwurst. Ich bin zwar Vegetarierin, aber geben Sie mir auch eine. Tatsächlich hat der Gesangsverein im Rathaus vorgesungen. Der Zilk war eben sehr bürgernahe.

Ich war in der Volksschule, in der Gaullachergasse. Nach der Schule bin ich einmal an einem LKW vorbeigegangen, als ihn Arbeiter gerade ausgeladen haben, und ich habe ihnen geholfen. So habe ich zu arbeiten angefangen. Immer nach der Schule habe ich leere Kisten zusammengeklaubt und den Boden zusammengekehrt, ab und zu war ich für den Besitzer einkaufen. Schließlich war die Hauptschule zu Ende. Zuerst habe ich am Brunnenmarkt und auf Jahrmärkten Spielsachen verkauft, dann Lebensmittel, Käse und orientalische Sachen bei einem Onkel, der aus Istanbul kam. Im 10. Bezirk war ich in der HTL, zehn Jahre Maschinenbau und deshalb weg vom Markt. Nach ein paar nicht geplanten Dingen im Leben bin ich wieder zurückgekehrt. Seit 1994 gehört der Stand mir. Fast scheint mir, als gäbe es den Markt schon immer.

Von fünf Uhr Früh bis 20 Uhr Abend, sechsmal in der Woche. Die Arbeit ist nicht leicht, aber sie ist im Freien und das macht Spaß. Wir haben Parkplatzschwierigkeiten hier, alle wollen mit guter Qualität nahversorgt werden, doch uns fehlen die richtigen Lagerräume, obwohl wir gute Miete bezahlen würden, anstatt fünfmal Parkplatz suchen und einmal Strafe abbekommen, weil wir in zweiter Spur schnell auspacken.

Jemand, der diesen Job nicht liebt, macht diese Arbeit nicht, selbst wenn er viel verdienen würde. Ich stehe da im Regen und in der Kälte, zehn Meter vor mir ein Hofer, gleich daneben ein Penny, und 100 Meter weiter soll noch ein Supermarkt dazukommen. Warum man das zulässt, verstehe ich nicht. Man könnte eine Verordnung treffen als Staatsoberhaupt oder wenn einer ein Gemeindeangehöriger ist, dann kann er das organisieren. Es ist ja nicht so, dass jeder machen darf, was er will. Ich darf auch keine Apotheken oder Trafiken nebeneinander aufmachen. Die Supermärkte sind Großhändler, wie sollen wir da mithalten? Wie sollen wir unsere Ware ausladen, die wir in der Früh vom Großmarkt Inzersdorf herbringen? Zwar gibt es eine Ladezone, aber in der Umgebung sind mindestens 20 Stände, jeder will seine Ladetätigkeit ausüben, sein frisches Gebäck herholen, sein Fleisch. Einen Arbeiter kann ich mir nicht leisten, keiner arbeitet 16 Stunden, daher muss die Familie den Betrieb weiterführen, Onkel, Tanten, Vater, Neffen. Abends kommt der Bruder vorbei oder ein Neffe, wir helfen zusammen, dann ist wieder ein Tag vorbei. Und wir freuen uns auf den nächsten Tag.

Wenn wir keine Strafen kriegen, ist es ein guter Tag.

Durch die Renovierung haben wir jetzt eine ebene Straße, früher gab es Pflastersteine, danach Asphalt, jetzt liegt ab und zu ein Pflasterstein in der Mitte der Gasse. Der Gehsteig ist weg, damit Rollstuhlfahrer oder Behinderte einen besseren Zugang haben. Für unsere Tätigkeit hat sich dadurch gar nichts verändert. Wir haben kein fixes Dach, keine gute Lage. Nicht einmal eine Kanalisation haben wir bekommen. Ein Fischladen weiter oben putzt jeden Abend sein Geschäft, damit es hygienisch ist. Das gesamte Wasser fließt zu uns, fließt einen Häuserblock herunter bis zu einem Kanal. Warum wurde da nichts eingeplant, nachdem die Brunnengasse ohnehin schon aufgerissen war? Auch wenn es regnet, rinnt alles Wasser bis zu uns.

Alles muss jeden Tag weggeräumt werden, muss sauber sein. Am Naschmarkt haben sie es leichter, die Standler müssen nicht jeden Tag ihren Stand abbauen. Im Winter können wir unsere Tätigkeit nicht ausüben, wir müssen warten, bis bessere Tage kommen und es wieder Plusgrade gibt. Wir warten, ob die Sonne kommt, wenn nicht heute, vielleicht morgen. Auch bei Regen und Gatsch müssen wir schließen.

Die Großhändler mieten sich Stände, betreiben sie nur am Freitagnachmittag und am Samstag, denn Samstag ist der Großhandel geschlossen. Sie bringen ihre Restware vom Großmarkt, die wir unter der Woche gekauft haben, und verkaufen um ein paar Cent günstiger. Ich weiß nicht, warum das geduldet wird. Ein normaler Österreicher oder Türke kauft diese Ware nicht. Sie schmeißen alles übereinander. Wir kaufen Montag und Donnerstag ein, manchmal nur Montag, diese Ware der Großhändler lagert fünf Tage in den Kühlhäusern. Jeder darf sich noch selber bedienen, sich alles aussuchen. Ich würde diese Ware nicht essen.

Meistens ist nur Samstag etwas los hier. Von einer Kiste ist schnell die Hälfte kaputt, denn wir besitzen kein Kühlhaus. Gemüse hält nicht länger als ein paar Tage. Auf unserem Stand können wir keine Kühlvitrine aufstellen, unmöglich wegen der Kosten.

Uns geht es nicht so gut. Bald macht keiner mehr diese Arbeit, noch sind es Inder und Türken. Einer, der ein bisschen etwas kann, tut sich diese Arbeit nicht mehr an. Ich mache sie nur, weil ich im Freien bin. Und ich kann mir alles einteilen, kann werken, wie ich will. Freiheit ist mir wichtiger als alles andere.

Für diesen Stand zuständig ist mein Sohn. Schon seit vielen Jahren: seit 1. Juni 2000. Nach dem Umbau wieder zurück, Anfang war das Geschäft nicht so gut, aber immer mehr Kunden, unsere Stammkunden sind wie eine Familie. Jetzt, seit Urlaub, nicht so viel los. 30 Prozent weniger Geschäft, keine Ahnung warum. Nach dem Umbau kommen viele Leute, weiß nicht warum. Alles Stammkunden. Aber trotzdem zufrieden. Alles bezahlt.

Acht Jahre ohne Wasser, ohne Kanal. Eine Gewerbeschein gekriegt von Magistrat, weiß es nicht wie, ohne Wasser, ohne Kanal.

Wir haben immer normale Spezialitäten, Pferde, Schweine und Getränke. Junge Urlaub machen, ich bin jetzt zwei Wochen hier.

Ab 9 Uhr, Samstag bisschen früher, bis 20 Uhr kann die Gastronomie arbeiten, neues Gesetz am Brunnenmarkt. Vorher, glaub ich, nur bis 17 Uhr. Kommen am Abend mehr Leute. So ist das gut.

Wir essen alles und sicher nicht wegschmeißen, wenn etwas übrig bleibt. Meine Stammkunden, mehr Bier trinken, geben Geschenk, bisschen billiger geben im Angebot, Stammkunden sind von Baustellen gekommen. Spaß machma, mehr Bier getrunken.

Ich gekommen aus Serbien, Stadt Šabac, 60 km von Belgrad. 1992 bin ich nach Wien gekommen. Vor 20 Jahre schon. Ich lebe im 16. Bezirk, Brunnenmarkt, viele Ausländer, aber ich auch Ausländer.

Die Pferdespezialität machen sie im 10. Bezirk, wir kennen Firma schon lange. Vorher in eine Kantine in Gasometer Simmering, habe dort gearbeitet, so viele Leute dort auf der Baustelle, aber dann hat sie zugemacht.

Muss freundlich sein in Gastronomie mit Kunden.

Wir sind ein Familienbetrieb, uns gibt es seit 50 Jahren, mein Onkel war auf dem Markt, meine Mutter hilft heute noch am Wochenende aus, und ich bin mittlerweile auch seit 15 Jahren hier. Wir haben Speckspezialitäten, daneben einen Kuchenstand und einen weiteren Stand mit Restposten, was man halt so hereinbekommt.

Wir sind glücklich, dass der Umbau endlich vorbei ist, hat immerhin sieben Jahre in Anspruch genommen. Die Veränderungen sind nicht unbedingt alle positiv, wenn man bedenkt, wie lange der Umbau gedauert hat, ist eigentlich zu wenig erreicht worden. Der Gehsteig hinter unserem Stand ist nivelliert worden, dafür haben wir in der Mitte der Straße Pflastersteine bekommen, was älteren Leuten das Gehen nicht unbedingt erleichtert, insbesondere im Winter, da ist schon einiges passiert. Leider ist diese „Maiglöckchenbeleuchtung" im Herbst und Winter sehr düster. Immer wieder haben wir das Thema bei den Behörden angeschnitten, wobei man uns erklärt hat, dass alles erneuert wurde. Auf gut Deutsch: Das muss reichen.

Seit November 2010 besitzen wir einen neuen Stand. Am Anfang war ich nicht sehr begeistert, denn ich bin kein Fan davon, dass alle Stände gleich aus-schauen. Arbeitstechnisch bringt es eine Erleichterung, vorher hatte ich nur einen Eisenstand, ich musste jeden Abend die gesamte Ware ins Auto räumen und in der Früh wieder aufbauen. Bezüglich Sauberkeit schaut alles appetitlicher aus, das muss man zugeben.

Gut wäre, wenn es am Markt mehr Mistkübel gäbe und das Marktamt strenger kontrollieren würde. An manchen Lebensmittelständen könnte man glauben, die Herrschaften kennen kein fließendes Wasser, obwohl alle Stände über fließendes Wasser verfügen. Wir besaßen bereits vor der Renovierung einen eigenen Stromzähler, nun können sich auch die fliegenden Textilhändler an den Starkstrom anschließen.

Das Marktamt ist leider in die Abelegasse übersiedelt, hat nicht mehr ihr Büro am Yppenplatz. Einmal am Tag geht jemand durch den Markt, kontrolliert das Übermaß und kassiert Strafgelder. Ansonst sind wir den ganzen Tag allein, was dazu führt, dass jeder agiert, wie er will. Manche nehmen sich deshalb Frechheiten heraus und platzieren ihre Ware weit über die zulässige Grenze hinaus, einige sogar bis fast in den Mittelgang der Straße. Am Abend lässt sich niemand mehr vom Marktamt blicken, sodass die Mistberge herumfliegen. Manche Stände werden nicht einmal

dem Gesetz entsprechend abgebaut, damit die Feuerwehr einen freien Zugang hat. Darum schert sich niemand.

Zweifellos konnten wir durch das Osei-Haus und den Wollner-Hof neue Kundschaften gewinnen – wir sind multikulturell. Der Bezirksvorsteher findet das toll. Hört sich alles sehr schön an, aber wenn man hier arbeitet, ist das ein eigenes Kapitel. Ehrlich gesagt, bin ich sehr froh, dass ich in Niederösterreich lebe. Diese Nationen sind mitunter sehr schwierig, wenn Emotionen hochkommen, gehen die Inder mit Eisenstangen aufeinander los. Das ist nicht sehr fein. Vor allem für eine Frau. Nach vielen Jahren haben sie zwar Respekt vor mir, aber für einen Inder oder Türken ist eine Frau ein Nichts. Da muss man lernen, sich zu behaupten, sonst geht unsereins gnadenlos unter.

In den 50 Jahren am Markt hat sich die Familie Thallmaier ein gewisses Ansehen erarbeitet. Die Verbindung von Wurst, Speck und Süßigkeiten hat sich allmählich ergeben. Speckspezialitäten habe ich schon immer gehandelt. Das Geschäft mit den Kuchen ist vor drei Jahren dazugekommen. Der Brunnenmarkt ist ein Billigstmarkt. Du kannst noch so tolle Waren präsentieren, wenn sie einen Preis von 10, 20 Euro überschreiten, sind sie unverkäuflich. Dafür gibt es kein Publikum. In diesem Punkt unterscheiden wir uns vom Naschmarkt. Der Brunnenmarkt ist billig, billig, billig und teilweise fehlt auch die Qualität. Ehrlich gesagt ist das auch den Leuten, die hier einkaufen, nicht wichtig. Die Leute verfügen nicht über genügend Geld, danach muss man sich richten. Wenn ich einen Kuchen um einen Euro verkaufe, essen sie ihn auf und kommen morgen wieder. Wir fahren zum Produzenten, holen die Ware, nicht jede Woche dieselbe Auswahl, einmal Schokoladekuchen, dann Apfel, dann wieder Marmorkuchen, ganz unterschiedlich. Deshalb auch der billige Preis. Eine Ware zu finden, die sich verkaufen lässt, ist sehr schwierig. Das hat sich in den letzten Jahren stark verändert. Vor fünf, sechs Jahren war das noch anders. Die Leute verfügen heute über weniger Geld. Wenn der Kuchen frisch ist, und der Preis stimmt, passt alles. Man bekommt ihn auch bei allen möglichen Supermärkten, aber nicht um einen Euro. Das wissen die Leute eben. Wenn eine Familie drei, vier oder fünf Kinder hat, müssen sie rechnen und auf das Geld schauen. Obwohl sich viele Lebensmittelstände verabschiedet haben, ist der Brunnenmarkt kein Fetzenmarkt. Das muss mit aller Deutlichkeit festgestellt und festgehalten werden.

Die Miete für den Stand wird über die Bank abgewickelt, dabei handelt es sich um einen Fixpreis. Räumt jemand seinen Gewandständer weiter hinaus in die Mitte, über seine Linie, ergibt sich ein Übermaß und man musste dafür 1,16 Euro bezahlen. Seit Jänner 2011 hat sich dies allerdings geändert, indem die Marktfläche größer geworden ist. Stellt einer dennoch einen Karton darüber hinaus, muss er Übermaß bezahlen, zusätzlich zur monatlichen Miete. Dies wird vom Marktamt täglich kassiert.

Ich habe beim Julius Meinl gelernt und war drei Jahre lang im 1. Bezirk, danach war ich noch gute zwei Jahre in der Zentrale beim Herrn Thomas Meinl – bis meine Mutter mich gerufen hat. Also bin ich vor 15 Jahren hierher gekommen. Viele Österreicher sind seither gegangen, inzwischen sind wir nur mehr wenige. Wer mag schon um drei Uhr früh aufstehen, zum Großmarkt fahren, bei Wind und Wetter draußen stehen. Im Sommer ist es heiß, jedoch stehst du auch bei minus zehn Grad hier. Das ist für Österreicher nicht gerade attraktiv. Wir müssen froh sein, dass es die Ausländer gibt, sonst wäre der Brunnenmarkt nicht der längste Straßenmarkt, sondern kleinwinzig.

Wir haben von Mittwoch bis Samstag von 7 bis 19 Uhr geöffnet. Seit wir den neuen Stand haben, ist vieles leichter geworden. Früher waren wir schon um fünf Uhr in der Früh vor Ort: aufbauen, ausräumen, alles herrichten, das Auto wegbringen. Angenehmer ist alles durch die Renovierung schon geworden.

Gleich neben der Eingangstür zur Zahnarztpraxis von Elisabeth Wolf parkt ein Fahrrad. Dort steht es wie eine dauerhafte Kunstinstallation bei der Kleiderablage.

Der 16. Bezirk hat mich schon immer fasziniert. Ich habe im Wilhelminenspital gearbeitet, bis ich von einem Dentisten die Ordination übernehmen konnte. Im 18. oder 19. Bezirk würde es mir nicht so gut gefallen.

Seit ich hierhergekommen bin, vor mehr als 20 Jahren, hat sich vieles verändert. Damals hat es noch den Fürnkranz in der Thaliastraße gegeben, es war eine schicke Einkaufsstraße, schöner als die Währinger Straße. Jetzt ist das ganz anders geworden, aber es hat mir damals gefallen und es gefällt mir jetzt. Durch die neuen Wohnbauten kommen viele junge Leute her. Ein paar alte Damen können die Welt nicht fassen, was aus dem Bezirk geworden ist. Früher war das ein gutbürgerlicher, zum Teil vornehmer Bezirk, und sie verstehen die vielen türkischen Juweliere und Hochzeitskleid-Geschäfte nicht. Das gefällt auch mir nicht am Bezirk.

Du kannst am Abend einkaufen, bis Mitternacht ist etwas los, man fühlt sich auch beschützt, wenn man zum Beispiel ins Kent geht. Der Yppenmarkt ist etwas anderes, das ist nicht mehr mein Revier.

Ich finde urschön, dass in diesem Bezirk viele Lokale existieren mit quasi einem studentischen Flair. Schickimicki finde ich es nicht.

Viele meiner Patienten sind natürlich Türken, bedingt durch meine türkischen Assistentinnen fühlen sie sich verstanden und wohl. Insgesamt gesehen, sind aber meine Patienten bunt gemischt. Die älteren Damen sterben leider aus, schaffen es nicht mehr zu mir in den zweiten Stock.

Die dritte Generation, die hier geboren und aufgewachsen ist, kann recht gut Deutsch, mit meinen Assistentinnen sprechen sie allerdings Türkisch, weil das Spaß macht. Ich spreche mit ihnen auch gern ein paar Brocken Türkisch. Mit kleinen Kindern ist das sehr lustig, die sagen dann: Wieso redest du so komisch? Wenn ich mit ihnen Türkisch rede, haben sie weniger Angst, das funktioniert ganz toll. Ich kann alles sagen auf Türkisch, was ich mache, wenn sie antworten, wird's sehr entspannt. Bei älteren Kindern dagegen funktioniert das gar nicht. Männer wollen das überhaupt nicht, sie sind vielmehr unangenehm berührt. Ganz schlimm ist es bei alten türkischen Damen, ich spreche sie an, schaue sie an, auf Türkisch frage ich: Wo tut's weh, was kann ich für Sie tun? Sie schaut mich gar nicht an, fragt die Assistentin auf Tür-

kisch: Was hat sie gesagt? Das hat mich sehr gekränkt und hat meine Motivation, mich jeden Tag zwei Stunden mit meinem Türkisch-Vokabelheft hinzusetzen, wieder eingebremst.

Auf der anderen Seite gibt es immer wieder das typische Aneinanderprallen der türkischen Männer mit den Assistentinnen. Oftmals kommt es vor, dass sie sich nichts von einer Frau sagen lassen wollen. Mich akzeptieren sie, wenn ich ihnen etwas sage, aber meine Assistentinnen müssen sich manchmal Dinge anhören, die sehr verletzend sind, wobei Emotionen aufkommen und sie sich aufregen, weil sie es nicht hinnehmen, wenn derart über sie drübergefahren wird.

Wenn man zu einer österreichischen alten Dame sagt: Komm Oma, setz dich da her, wäre das eine Beleidigung. Bei den Türken ist es so, dass man zu einem älteren Herren Onkel sagt, zu einer älteren Dame Tante. Bei den Türken ist das ein herzlicher Kontakt, sie freuen sich und wohlwollende Stimmung kommt auf, sodass gleich alles viel besser läuft. Zu den kleinen Kindern sagt man: Ich bin deine große Schwester und sie bestätigen dann: Ja, du bist meine große Schwester. Das ist recht lustig.

Es ist völlig normal, dass du einen fremden Mann, wenn er dein Onkel sein könnte, mit Onkel ansprichst; eine Gleichaltri-

ge mit Schwester oder mit Schwägerin. Diese Sitte zieht sich durch alle sozialen Schichten. Wenn ein junger Bursch zu meiner Assistentin sagt: Du bist meine große Schwester, ist das ganz lieb. Diese Dinge sind es auch, die mir hier gefallen, nämlich herzliche Kontakte, die über das Berufliche hinausgehen, das macht einfach Spaß. Auch viele Standler sind meine Patienten, allerdings nur von der Thaliastraße bis zur Grundsteingasse.

Wirklich mühsam ist es im Ramadan, in dieser Zeit mache ich immer Urlaub, was zwar schlimm für meine Assistentinnen ist. Bei mir arbeiten zwei Türkinnen und eine Albanerin, die sind auch Muslime und fasten. Wenn sie fasten und arbeiten, vergeht die Zeit schneller, wenn sie Urlaub haben und fasten, vergeht die Zeit überhaupt nicht. Im Ramadan ist es nicht zum Aushalten, da dürfen die Leute nichts trinken und daher auch nicht zum Zahnarzt gehen. Sie kommen her mit Schmerzen, lassen sich aber nicht behandeln, weil Ramadan ist. Und sie nehmen auch keine Medikamente.

Weshalb sie dennoch meine Ordination aufsuchen, würde ich gerne wissen. Ich weiß bereits, wann nächstes Jahr Ramadan ist und dann wird Urlaub gemacht. Die nächsten Jahre fällt der Ramadan in den Hochsommer, jedoch verschiebt er sich immer weiter im Jahresablauf nach vorne, in ein paar Jahren wird er im Juli, Juni und Mai angelangt sein. Da sperre ich drei Wochen zu. Nach Sonnenuntergang wären die Leute dann bereit, sich behandeln zu lassen. Wobei manche trotzdem nicht in die Ordination kommen, denn nach Sonnenuntergang wird gefeiert. Das sind Eigenheiten, die ich nicht nachvollziehen kann.

Unlängst war eine Dame aus Polen hier, dort waren wir vor ein paar Jahren, und ich habe ihr erklärt, dass mein Bedürfnis nach Auslandsreisen gestillt ist, wenn ich vom Yppenmarkt, von der Brunnengasse in die Grundsteingasse gehe, habe ich genügend Reise absolviert. Nach der Rückkehr aus dem Urlaub, hatte ich das Bedürfnis, in die Innenstadt zu gehen. Dort trifft man viele Touristen, Leute aus allen Ländern, aber es herrscht eine ganz andere Atmosphäre als hier.

Ich wohne im 18. Bezirk, aber ich fahre immer mit dem Rad. Früher bin ich mit dem Auto gefahren, hatte einen Parkplatz in einer kleinen Parkgarage, aber jedes Mal ist jemand auf meinem Platz gestanden, nämlich der Juwelier von nebenan, und ich musste mich hineinquetschen, weil ich meistens in Eile bin, aber irgendwie ist es sich immer ausgegangen. Was sich einmal ausgeht, muss sich immer ausgehen. Das ist die vorherrschende Mentalität.

Staud's Wien, Hans Staud, Brunnenmarkt, Brunnengasse/Schellham-
mergasse, 1160 Wien, Öffnungszeiten: DI–SA 8–12.30 Uhr,
FR zusätzlich 15.30–18 Uhr

Marktamt für den 7., 8., 16. Bezirk,
MA 59, Abelegasse 16, 1160 Wien,
Öffnungszeiten: MO–FR 7.30–15 Uhr

Kartoffeln u. Zwiebeln Großhandel,
Gerald und Regina Seidl, Brunnenmarkt Stand 163 am Yppenplatz,
1160 Wien, Öffnungszeiten: MO, DI,
DO–SA 6–13.30 Uhr

Muskat Buch & Café, Ursula Stahr-
müller, Brunnengasse/Schellham-
mergasse neben Staud's

Café Berger, Gerald Engelmaier,
Brunnengasse 69/Eingang Yppenplatz, 1160 Wien, Öffnungszeiten:
MO–SA 7–19 Uhr, SO und Feiertag
8–15 Uhr

Textilwaren, Vorarlberger Spitzen,
Eleonore El Seidy, Yppenplatz 5,
1160 Wien, Öffnungszeiten:
DO–SA 8–12 Uhr

anika handelt Galerie, Agnes
Reinthaler, Yppenplatz 5/4, 1160
Wien, Öffnungszeiten:
DO u. FR 14–19 Uhr, SA 10–13 Uhr

Café An-Do und Fischrestaurant,
Sezgin Kilicdagi, Brunnenmarkt
Stand 169 am Yppenplatz, 1160
Wien, Öffnungszeiten:
MO–SA 8–23 Uhr

Café Club International, Wolfgang
Veit, Payergasse 14, 1160 Wien,
Öffnungszeiten: MO–FR 8–2 Uhr,
SO 10–12 Uhr

Café Club Horizont, Verein für Kultur
und Sport, Jovica Dimitrievski,
Yppenplatz 2, 1160 Wien, Öffnungszeiten: MO–FR 14–24 Uhr,
SA 7–24 Uhr

Friseursalon Star Hair Style, Kenan
Demirkoparan, Brunnengasse 75,
1160 Wien, Öffnungszeiten:
MO–SA 8–19 Uhr

Semerkant, Geschenkartikel und
Teppiche, Faruk Can, Brunnengasse
70, 1160 Wien

Brunnenpassage, KunstSozialRaum,
Brunnengasse 71/Yppenplatz, 1160
Wien, www.brunnenpassage.at

Restaurant Wetter, Raetus Wetter,
Payergasse 13, 1160 Wien,
Öffnungszeiten: DI–FR Abend,
SA Mittag–Abend

Caritas Marktplatz, Brunnenmarkt
Stand 165–167 am Yppenplatz,
1160 Wien, Öffnungszeiten:
MO–FR 10–18 Uhr, SA 10–17 Uhr

Übersetzungsbüro Hasan Kemal,
Brunnengasse 76/1, 1160 Wien,
Öffnungszeiten: MO–FR 9–18 Uhr,
SA 9–14 Uhr

Eylül Hochzeitskleider, Fatma Ünlü,
Brunnengasse 66, 1160 Wien,
Öffnungszeiten: MO–FR 9–19 Uhr,
SA 9–18 Uhr

Karl & Poldi Sterkl, Fleischerei, Brunnengasse 62, 1160 Wien, Öffnungszeiten: MO u. MI 7–14 Uhr, DI, DO u. FR 7–18 Uhr, SA 6.30–13 Uhr

Eis & Lokanta Oase, Ileli Nejmi, Friedmanngasse 14/Brunnengasse, 1160 Wien, Oase-Öffnungszeiten: täglich 7–24 Uhr

Irenes Kräuterkisterl, Irene Bartek, Brunnenmarkt Stand 179, 1160 Wien, Öffnungszeiten: DO u. SA 8–14 Uhr, FR 8–16 Uhr, jeder 1. MI im Monat von 8–14 Uhr

Kaffeehandel & Café, Richard Messner, Brunnengasse 52, 1160 Wien, Öffnungszeiten: Café: MO–FR 6–22 Uhr, SA 6–18 Uhr, SO u. Feiertag: 10–18 Uhr; Kaffeehandel: MI–FR 7.30–18 Uhr, SA 7.30–13.30 Uhr

Gül Butik, Gülümser Gedik, Brunnengasse 59, 1160 Wien, Öffnungszeiten: MO–FR 9.30–18 Uhr, SA 9.30–17 Uhr

Blumenhandlung Johann Weiser, Brunnengasse 59, 1160 Wien, Öffnungszeiten: MO–FR 7.30–18 Uhr, SA 7.30–16 Uhr

Fleischerei Lojic, Semsa Lojic, Brunnenmarkt Stand 52, 1160 Wien, Öffnungszeiten: MO–FR 8–18 Uhr, SA 7–15 Uhr

Hilal Juwelier, Mustafa Bulut, Brunnengasse 52, 1160 Wien, Öffnungszeiten: MO–FR 8.30–18.30, SA 8.30–17 Uhr

Café Konditorei Gerhard Putz, Brunnengasse 49, 1160 Wien, Öffnungszeiten: MO–FR 8–18.30, SA 8–14 Uhr

Börek-Stand, Brunnenmarkt Stand 32, 1160 Wien, Öffnungszeiten: MO–SA 7–18 Uhr

Würstelstand Heinz Blaser, Brunnengasse 67, 1160 Wien, Öffnungszeiten: MO–SA 6–2 Uhr

Obst- und Gemüsehandel, Ylmaz Tutus, Brunnenmarkt Stand 21–23, 1160 Wien

Serbischer Würstelstand, Bajevic Nebojsa, Imbisstube Nr. 35, 1160 Wien, Öffnungszeiten: MO–SA 10–18 Uhr

Speckspezialitäten & Waren aller Art, Bettina Thallmaier, Brunnenmarkt Stand 42, 44, 46, 1160 Wien, Öffnungszeiten: MI 8–13 Uhr, DO u. FR 7.30–18.30 Uhr, SA 7–16.30 Uhr

Zahnärztin, Elisabeth Wolf, Brunnengasse 34, 1160 Wien, MO, DO u. FR 8.30–13 Uhr, DI 10–18 Uhr

Bildnachweis
Alle Fotos von Petra Rainer

© 2012 Metroverlag
Verlagsbüro W. GmbH
info@metroverlag.at
Alle Rechte vorbehalten
Printed in the EU
ISBN 978-3-99300-079-0

Mit freundlicher Unterstützung der
Kulturabteilung der Stadt Wien
(Literaturreferat und Wissenschafts-
und Forschungsförderung) und des
Bundesministeriums für Unterricht,
Kunst und Kultur